Segurança em IoT

ALEXANDRE DE MORAES
VICTOR TAKASHI HAYASHI

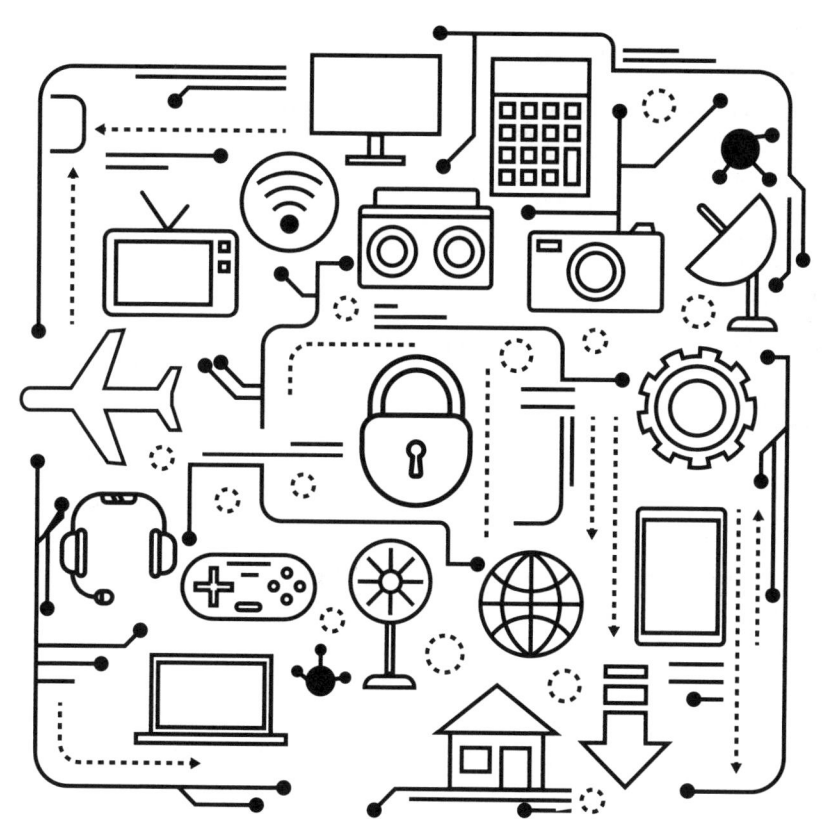

Segurança em IoT

Entendendo os riscos
e ameaças em Internet das Coisas

ALTA BOOKS
EDITORA
Rio de Janeiro, 2021

Segurança em IoT

Copyright © 2021 da Starlin Alta Editora e Consultoria Eireli.
ISBN: 978-85-5081-651-7

Todos os direitos estão reservados e protegidos por Lei. Nenhuma parte deste livro, sem autorização prévia por escrito da editora, poderá ser reproduzida ou transmitida. A violação dos Direitos Autorais é crime estabelecido na Lei nº 9.610/98 e com punição de acordo com o artigo 184 do Código Penal.

A editora não se responsabiliza pelo conteúdo da obra, formulada exclusivamente pelo(s) autor(es).

Marcas Registradas: Todos os termos mencionados e reconhecidos como Marca Registrada e/ou Comercial são de responsabilidade de seus proprietários. A editora informa não estar associada a nenhum produto e/ou fornecedor apresentado no livro.

Impresso no Brasil — 1a Edição, 2021 — Edição revisada conforme o Acordo Ortográfico da Língua Portuguesa de 2009.

Erratas e arquivos de apoio: No site da editora relatamos, com a devida correção, qualquer erro encontrado em nossos livros, bem como disponibilizamos arquivos de apoio se aplicáveis à obra em questão.

Acesse o site www.altabooks.com.br e procure pelo título do livro desejado para ter acesso às erratas, aos arquivos de apoio e/ou a outros conteúdos aplicáveis à obra.

Suporte Técnico: A obra é comercializada na forma em que está, sem direito a suporte técnico ou orientação pessoal/exclusiva ao leitor.

A editora não se responsabiliza pela manutenção, atualização e idioma dos sites referidos pelos autores nesta obra.

Produção Editorial
Editora Alta Books

Gerência Comercial
Daniele Fonseca

Editor de Aquisição
José Rugeri
acquisition@altabooks.com.br

Diretor Editorial
Anderson Vieira

Coordenação Financeira
Solange Souza

Produtores Editoriais
Ian Verçosa
Illysabelle Trajano
Larissa Lima
Maria de Lourdes Borges
Paulo Gomes
Thiê Alves
Thales Silva

Equipe Comercial
Alessandra Moreno
Daiana Costa
Fillipe Amorim
Kaique Luiz
Tairone Oliveira
Thiago Brito
Vagner Fernandes
Victor Hugo Morais
Viviane Paiva

Equipe Ass. Editorial
Brenda Rodrigues
Caroline David
Luana Goulart
Marcelli Ferreira
Mariana Portugal
Raquel Porto

Marketing Editorial
Livia Carvalho
Gabriela Carvalho
marketing@altabooks.com.br

Atuaram na edição desta obra:

Revisão Gramatical
Aline Vieira
Katia Halbe

Diagramação
Joyce Matos

Capa
Rita Motta

Ouvidoria: ouvidoria@altabooks.com.br

Editora afiliada à:

Dados Internacionais de Catalogação na Publicação (CIP) de acordo com ISBD

M827s   Moraes, Alexandre de
          Segurança em IoT: entendendo os riscos e ameaças em IoT / Alexandre de Moraes, Victor Takashi Hayashi. - Rio de Janeiro, RJ : Alta Books, 2021.
          208 p. : il. ; 17cm x 24cm.

          Inclui bibliografia e índice.
          ISBN: 978-85-5081-651-7

          1. Ciências da Computação. 2. Internet das Coisas. 3. Tecnologia. 4. Segurança. I. Hayashi, Victor Takashi. II. Título.

2021-2007   CDD 004.678
                                                       CDU 004.738.5

Elaborado por Odílio Hilario Moreira Junior - CRB-8/9949

Rua Viúva Cláudio, 291 — Bairro Industrial do Jacaré
CEP: 20.970-031 — Rio de Janeiro (RJ)
Tels.: (21) 3278-8069 / 3278-8419
www.altabooks.com.br — altabooks@altabooks.com.br
www.facebook.com/altabooks — www.instagram.com/altabooks

DEDICATÓRIA

Dedico este livro à minha família, não apenas aos meus queridos filhos Guto e Sofia e minha esposa Márcia, mas aos meus bisavôs Vincenzo Romani e Maria Tuzzato, imigrantes italianos que largaram sua terra amada para viver a vida neste nosso grande Brasil e que me permitiram alcançar a graça de me tornar cidadão italiano.

ALEXANDRE

Aos meus professores e mestres, por me guiarem na busca pelo conhecimento.

À minha família, por me apoiar em todos os momentos.

VICTOR

AGRADECIMENTOS

Gostaria de agradecer a todos os amigos que sempre me apoiaram na busca pelo conhecimento, em particular aos colegas da Blackberry Cylance que me permitiram aprender e compartilhar muito do conhecimento deste livro nos últimos quatro anos. Um agradecimento especial à Rosana Arruda, que desde o lançamento do meu primeiro livro, em 2003, sempre acreditou no meu potencial como escritor.

ALEXANDRE

Agradeço à minha irmã, Sabrina, por ouvir minhas apresentações intermináveis e me ajudar a ser mais didático.

Agradeço ao meu pai, Fabio, por todas as discussões sobre IoT até altas horas da madrugada.

Agradeço à Rosana Arruda e Alexandre Moraes, pelo convite e paciência durante a escrita.

VICTOR

SOBRE OS AUTORES

Alexandre Fernandes de Moraes é engenheiro de Computação e mestre em Engenharia Elétrica pela Escola Politécnica da USP, atua há mais de vinte anos no mercado de Tecnologia da Informação e Segurança, atuou em grandes projetos no Brasil e América Latina, atualmente é gerente de pré-vendas para América Latina na Blackberry Cylance, e é professor licenciado de graduação e pós-graduação no UNIFIEO, em Osasco. Possui mais de oito livros publicados sobre Segurança e Redes.

Victor Takashi Hayashi é mestrando em Engenharia da Computação pela Escola Politécnica da USP. Desenvolve projetos de casa conectada desde 2016, do TCC até o mestrado em Segurança em IoT. Em 2019, foi vencedor da Final Global da EDP University Challenge, em Portugal. Tem experiência como analista de inovação no Bradesco e analista do mercado financeiro na Anima Investimentos.

PREFÁCIO

Este livro foi pensado como um conteúdo didático para estudar inovação e novas tecnologias como IoT (Internet das Coisas). O desafio de IoT nos traz uma enorme lacuna tecnológica de como tratar as vulnerabilidades e as ameaças relacionadas à segurança e, a cada dia que passa, a quantidade de dispositivos IoT cresce exponencialmente e se torna um alvo para as novas ameaças cibernéticas. Infelizmente, a IoT, como outras tecnologias, não nasceu com preocupação em segurança, por isso os dispositivos legados são extremamente inseguros e não levam em conta os riscos relacionados ao acesso de dados ou de operações.

A ideia de criar um livro sobre segurança em IoT não é de apenas apresentar os riscos, mas sim as tecnologias de criptografia e autenticação que podem ser utilizadas para minimizar esses riscos. Esses foram os pontos que os autores endereçaram nesta obra. Tanto a nível de conceitos, o que facilita o uso como material didático em cursos de tecnologia e de nível superior, como para entusiastas que desejam se especializar na área.

O estudo inicia com os conceitos de Internet das Coisas; o Capítulo 2 é focado nos principais desafios relacionados à segurança da informação em ambiente IoT; o Capítulo 3 detalha as tecnologias de criptografia normalmente utilizadas em ambiente IoT; o Capítulo 4 aborda o controle de acesso e sua importância para a autorização na IoT; o Capítulo 5 apresenta a arquitetura de IoT em Cloud, suas vulnerabilidades e alguns possíveis ataques. Por fim, o Capítulo 6 apresenta um estudo de caso aplicando os conceitos apresentados no livro em um cenário de Casa Inteligente.

A premissa do livro é trabalhar tanto os fundamentos necessários para compreender a tecnologia, como a utilização dos conceitos na prática.

Que este livro sirva de base para o leitor conhecer e ampliar os conceitos relacionados a IoT e segurança.

Boa leitura!

Os autores

SUMÁRIO

CAPÍTULO 1 Definindo a tecnologia — 1
   1.1 Introdução — 1
   1.2 Tecnologia IoT — 7
   1.3 Desafios presentes na Internet das Coisas — 11
   Recapitulando — 18

CAPÍTULO 2 Segurança em IoT — 21
   2.1 Introdução — 21
   2.2 CIA Triad — 21
   2.3 Principais riscos relacionados a IoT — 39
   Recapitulando — 45

CAPÍTULO 3 Sistemas criptográficos e seus usos na IoT — 49
   3.1 História da criptografia — 49
   3.2 Elementos de um sistema criptográfico — 55
   3.3 Tipos de criptografia — 56
   3.4. Segurança da criptografia — 56
   3.5 Criptografia simétrica — 58
   3.6 Criptografia assimétrica — 64
   3.7 Algoritmos de Hashing — 71
   3.8 Uso da criptografia em sistemas IoT — 72
   Recapitulando — 79

CAPÍTULO 4 Controle de acesso e identidade na IoT — 81
   4.1 Introdução — 81
   4.2 AAA — 93
   4.3. Métodos de autenticação — 97
   4.4. Protocolos — 101
   4.5. Mecanismos — 103
   4.6. Gerenciamento de usuários — 104
   4.7. Protocolos de Autenticação — 106
   Recapitulando — 107

CAPÍTULO 5 Segurança de IoT em Cloud 125
   5.1 Introdução 125
   5.2. Arquitetura em Cloud 127
   5.3 *Cloud Security Alliance* 137
   5.4. Principais vulnerabilidades 139
   5.5. Explorando cloud security 142
   5.6. Principais ataques de IoT em Cloud 144
   Recapitulando 153

CAPÍTULO 6 Segurança na casa conectada 163
   6.1. Casa conectada 164
   6.2. Segurança na casa conectada 166
   6.3. Privacidade na casa conectada 170
   6.4. Vulnerabilidades na casa conectada 172
   6.5. Impactos às pessoas e sistemas 174
   6.6. Exemplos de ataques na casa conectada 175
   6.7. Serviços de segurança 176
   6.8. Arquitetura para a casa conectada 176
   6.9. Controle de acesso e identidade para a casa conectada 180
   Recapitulando 181

CONSIDERAÇÕES FINAIS 183

REFERÊNCIAS BIBLIOGRÁFICAS 185

ÍNDICE 191

CAPÍTULO 1

DEFININDO A TECNOLOGIA

O objetivo deste capítulo é dar uma introdução a respeito da tecnologia de IoT, considerando o aspecto de arquitetura e componentes, para dessa maneira evoluir na temática de segurança em ambiente IoT.

1.1 INTRODUÇÃO

Iniciar um novo livro retratando algo tão inovador como as tecnologias de IoT é um grande desafio, pois a tecnologia avança a passos largos. Há 15 anos não era imaginável que teríamos pequenos computadores com boa capacidade de processamento e memória em praticamente toda parte. Os dispositivos IoT nada mais são do que pequenos computadores ou microcomputadores em sua essência que encontram-se conectados à Internet e Cloud, buscando facilitar ou complicar ainda mais as nossas vidas.

O termo IoT vem da terminologia, em língua inglesa, "Internet of Things", ou Internet das Coisas, esse termo soa um pouco estranho quando traduzimos para o português, ainda mais porque não considero um microcomputador, na essência da palavra, como uma "coisa", mas sim uma máquina complexa e inteligente que implementa aplicações que podem ser extremamente avançadas. É assim quando um dispositivo médico, como um marca-passo, auxilia na manutenção do bem mais precioso que existe, que é a vida humana. Além disso, esse pequeno dispositivo com capacidade computacional se integra à internet permitindo avisar a um centro médico quando algo de errado está acontecendo com o paciente.

A IoT colabora para trazer conforto ao nosso cotidiano estressante, em especial nas grandes metrópoles, a comodidade de, através do seu dispositivo móvel, poder acionar outros em sua casa para controlar a climatização (ar-condicionado), monitorar remotamente sua residência através de câmeras inteligentes e dispositivos avançados, como sensores de presença, controle de iluminação e tantas milhares de aplicações que estão presentes no conceito de casas inteligentes. Na Figura 1.1 podemos observar um dispositivo IoT Arduino.

FIGURA 1.1. Arduino Uno
Fonte: Pixabay

DEFININDO A TECNOLOGIA

A IoT monitora nossa atividade física também, os *smartwatches*, ou relógios inteligentes, nos permitem observar constantemente os batimentos cardíacos e, em alguns casos, a pressão arterial e o nível de atividade física, colaborando para melhorar a saúde e o bem-estar do indivíduo. Cada dia mais a sociedade se preocupa com a melhora dos indicadores de saúde e esses dispositivos auxiliam que pessoas saiam da zona de conforto, ou seja, deixem o sedentarismo e comecem a realizar uma atividade física com mais controle e monitoração. Muitos desses *smartwatches* permitem controlar o nível da atividade e o nível de VO2, que é o volume máximo de oxigênio gasto na atividade aeróbica.

Dispositivos IoTs permitem que carros sejam cada vez mais inteligentes e que equipamentos sejam conectados em tempo real à internet. Hoje já existem projetos nos Estados Unidos e Europa de rodovias inteligentes que possuem uma série de sensores e monitores que facilitam a utilização de comandos e piloto automático. Os carros autônomos são uma realidade, grandes empresas da área de tecnologia, como a Google e a Amazon, já testam protótipos de carros autônomos capazes de realizar pequenas entregas ou fazer o transporte de pessoas ou cargas. Além da IoT, tecnologias como a Inteligência Artificial trabalham juntas para fazer este processo funcionar de modo integrado. Na Figura 1.2 podemos observar dispositivos integrados na IoT.

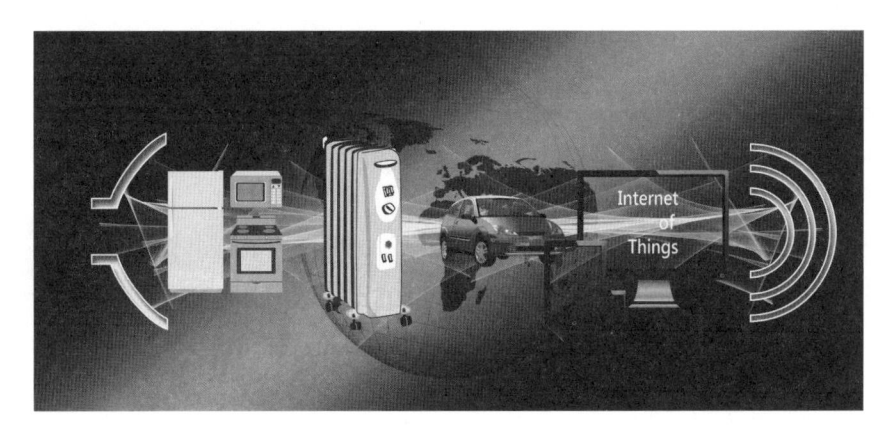

FIGURA 1.2. Dispositivos Integrados na IoT
Fonte: Pixabay

Na área industrial e de produção, o uso desses dispositivos inteligentes interconectados é ainda mais presente. Há anos os sistemas de controle e monitoração industrial controlam válvulas de pressão, a esteira da linha de produção, a temperatura de fornos e caldeiras, tudo isso integrado a um sistema de supervisão e controle que hoje pode estar ligado à internet. Tudo começou há mais de vinte anos, e esses pequenos controladores, que nada mais são do que microcomputadores, serviram de inspiração inicial para a grande quantidade de dispositivos IoT que possuímos nos dias atuais.

Hoje existem muitos robôs que nos auxiliam em processos industriais complexos, agregando verdadeiros cérebros eletrônicos comandados por algoritmos de Inteligência Artificial, que lhes permitem não apenas desempenhar suas tarefas com melhor efetividade, como também aprendem com os erros. Estes robôs geralmente possuem conexão a sistemas e à internet e, portanto, podem ser considerados parte da família de dispositivos IoT.

Grandes redes de hotéis nos Estados Unidos já estão testando o uso de pequenos robôs para fazer entregas nos quartos, e são capazes de levar os pedidos e ainda interagir com os hóspedes. Estes dispositivos se integram a sistemas normalmente hospedados em uma nuvem (Cloud) na internet e, por isso, são mais elementos para compor a categoria de IoT.

São infinitas as novas possibilidades da IoT, existem pesquisadores desenvolvendo implantes inteligentes que possuem múltiplas funções, relacionando a segurança com sistemas de geolocalização, como sistemas de monitoramento de saúde.

Na Figura 1.3 observamos um relógio inteligente atuando no monitoramento de saúde.

DEFININDO A TECNOLOGIA

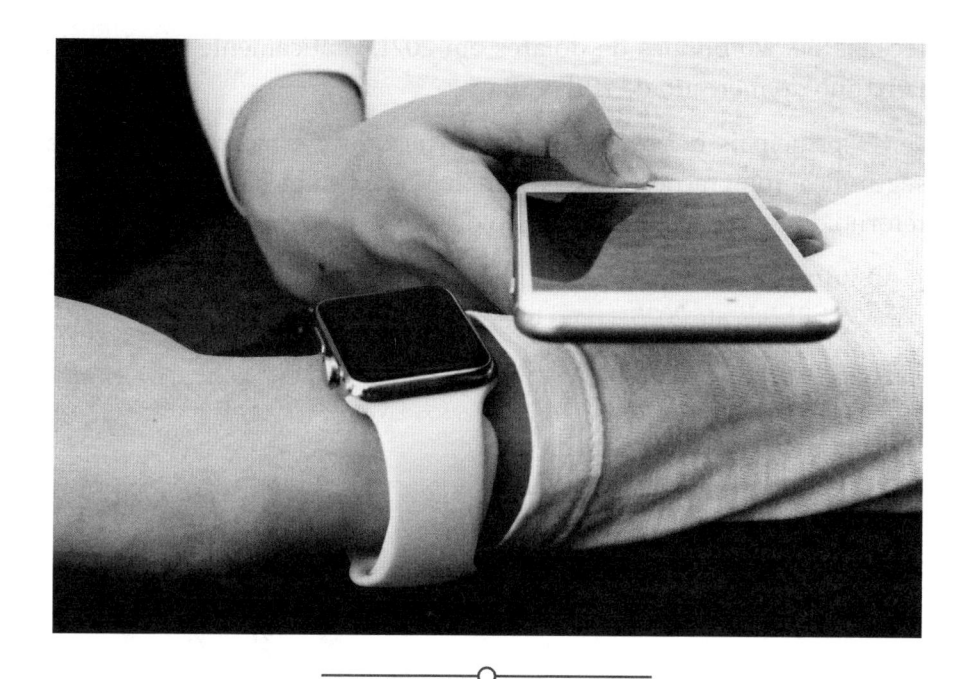

FIGURA 1.3. Relógio inteligente que incorpora monitoração de saúde
Fonte: Pixabay

No caso da segurança, esses microdispositivos permitem monitorar eventuais vítimas de um possível sequestro, este sistema foi desenvolvido por uma empresa israelense e já se encontra em operação em vários países do mundo.

A monitoração da saúde tem uma ampla gama de aplicações, incluindo a população cada dia mais idosa. A monitoração dos batimentos cardíacos, da pressão arterial e da temperatura pode permitir um alarme precoce a um centro médico e um alerta de emergência pode ser automaticamente acionado.

Existem milhares de casos de uso ainda não explorados e que devemos acompanhar cada vez mais.

Pesquisas de mercado do Bain Group (https://www.forbes.com/sites/louiscolumbus/2018/08/16/iot-market-predicted-to-double-by-2021-reaching-520b/#19b5c9a21f94) indicam que o mercado de IoT alcançará receitas de 520 bilhões de dólares em 2021, praticamente o dobro do tamanho do mercado de 2017.

Os principais desafios, segundo a pesquisa, estão relacionados à segurança, integrações com as tecnologias existentes e como medir o retorno do investimento na adoção dessas tecnologias.

O número de dispositivos IoT deve pular de 26 bilhões, em 2019, para 75 bilhões até 2025, como observamos no gráfico abaixo.

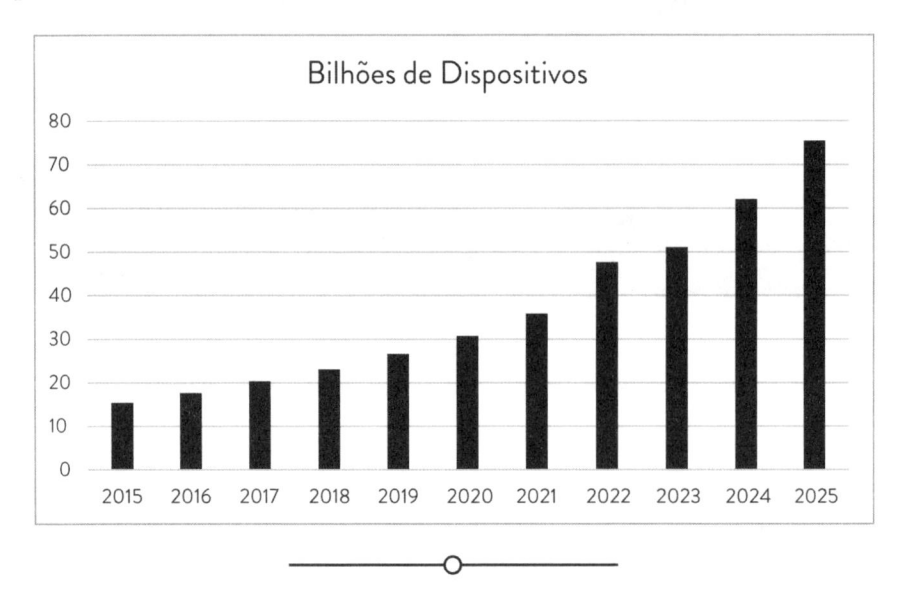

FIGURA 1.4. Estimativa da quantidade de dispositivos conectados segundo pesquisa do Bain Group.

A popularização cada vez maior da internet e a adoção do IP (Internet Protocol) versão 6 permitiram esse crescimento. O problema relacionado ao endereçamento IP é que o IP versão 4, lançado em 1981, possui um espaço de endereçamento de 32 bits, permitindo, no máximo, 4,3 bilhões de dispositivos conectados. Ele se encontra completamente esgotado, sendo que parte do problema vinha sendo solucionado com o uso de técnicas de tradução de endereços conhecida como NAT (Network Address Translation), onde dispositivos utilizavam endereços inválidos que eram traduzidos para poucos endereços IPs válidos quando a comunicação era realizada para a internet. O IP versão 6 é um projeto que surgira em 2012, permitindo comercialmente um número praticamente infinito de dispositivos com 128 bits de endereçamento.

Atualmente, é tecnicamente possível que cada dispositivo possua um endereço IP único na internet, isso acaba trazendo alguns desafios de segurança, uma vez que as técnicas de NAT nos permitiam ocultar ou deixar inacessíveis esses dispositivos pela internet.

1.2 TECNOLOGIA IOT

Os subsistemas da IoT envolvem basicamente três partes:

- Rede: Camada de comunicação onde os dispositivos estarão conectados. Normalmente nesta camada utilizamos tecnologias como Wi-Fi, Bluetooth ou mesmo alguns sistemas de comunicação de sensores que usam baixa potência, como ZigBee;
- Plataforma;
- Aplicações: As aplicações estão relacionadas aos sensores da IoT.

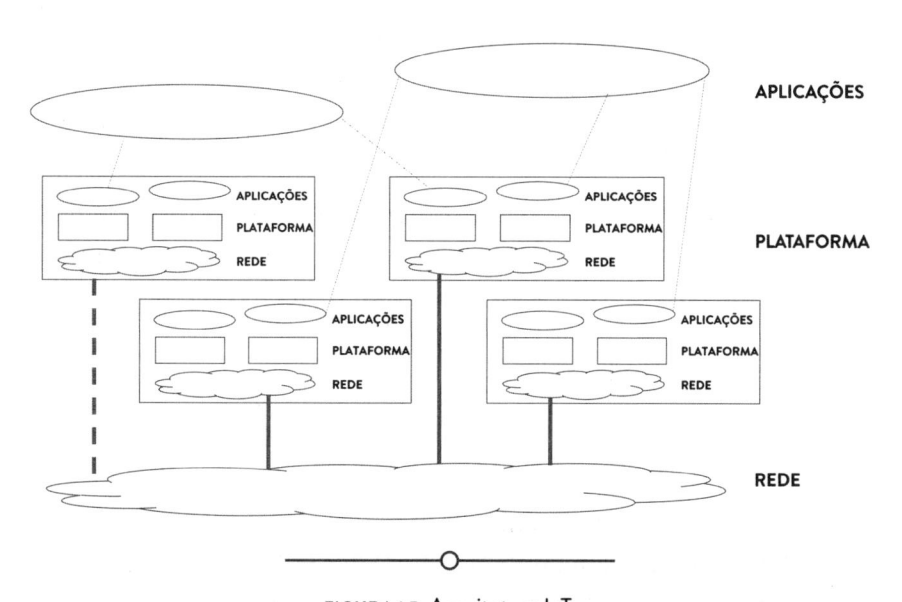

FIGURA 1.5. Arquitetura IoT.

Aplicações: são o conjunto de aplicações criadas e direcionadas especificamente a dispositivos IoT.

CAMADA DE REDE (DISPOSITIVOS)

Dentro da arquitetura de IoT, os dispositivos também conhecidos como "objetos" são responsáveis por coletar informações e atuar. A finalidade destes dispositivos, muitos deles classificados como sensores, é coletar informações como temperatura, localização, umidade, entre outros; alguns autores denominam esta camada de "Camada de Percepção". Além de sensores, possuem atuadores que nos permitem realizar ações como, por exemplo, acionar o ar-condicionado para regular a temperatura.

Esta camada, em termos de arquitetura, digitaliza e transfere dados através de canais de comunicação seguros para sistemas que vão tratar esses dados (Big Data). Uma grande quantidade de dados é criada nesta camada, entretanto, um dispositivo é considerado efetivamente IoT se faz uso da internet para transmitir essas infomações de forma segura a uma aplicação localizada normalmente em Cloud (nuvem). A grande vantagem dos sistemas em nuvem é a alta capacidade de armazenamento dessas informações e de processamento, sem os sistemas em Cloud, seria praticamente impossível processar a grande quantidade de dados gerada pela IoT.

Existem várias tecnologias utilizadas para a transmissão de dados na camada de comunicação, como Bluetooth e Ethernet, fazendo uso de redes. Essas tecnologias são classificadas como PAN (Personal Area Network). Existem dispositivos que também podem estar conectados à internet utilizando redes cabeadas.

Esses dispositivos de IoT normalmente utilizam kits pré-montados de processadores, como o Arduíno, Raspberry e Intel Galileo.

Com o avanço da Inteligência Artificial, novos dispositivos, como robôs inteligentes, podem também estar conectados à camada, estes robôs são cada vez mais frequentes em ambientes industriais e se conectam a outros robôs e sistemas pela Cloud. Já existem vários dispositivos que podem estar integrados como robôs e nos auxiliam na limpeza da casa (por exemplo, Roomba), e pequenas mascotes eletrônicos que fazem o papel de um animal de estimação; um dos exemplos fenômeno de vendas nos Estados Unidos é o Vector. Na Figura 1.6 podemos observar um braço robótico.

FIGURA 1.6. Braço robótico.
Fonte: Pixabay

Sistemas de resposta audível que podem agir como a Alexa, da Amazon, também se encaixam como dispositivo IoT nesta camada, mas adicionam uma aplicação embarcada. A Alexa, por utilizar Inteligência Artificial, é capaz de identificar comandos de voz e interagir com o usuário e, principalmente, atuar sobre outros dispositivos.

VOCÊ SABE O QUE É O ZIGBEE?

Zigbee é um padrão aberto definido para comunicação entre dispositivos usando tecnologias de rede sem fio. Este padrão é utilizado atualmente por milhares de dispositivos IoT, o protocolo do Zigbee é seguro e estável, garantindo sua ampla adoção.

Os dispositivos Zigbee se conectam normalmente usando um roteador que, de um lado, se comunica via rádio Zigbee e, do outro, conecta os dispositivos à internet. As principais vantagens do uso desta tecnologia estão relacionadas ao baixo consumo de energia e capacidade de conexão da rede, ou seja, a cada novo dispositivo adicionado, maior é a quantidade de caminhos ou rotas. Uma rede Zigbee suporta até 65 mil elementos na sua rede.

A tecnologia usa rádios de 2.4 Ghz que não necessitam de licença, como uma rede sem fio doméstica, permitindo a transmissão a taxas de 250 Kbit/s entre 16 canais. Este protocolo é muito imune à interferência e adequado a redes de automação doméstica (casas inteligentes).

Existe a capacidade de tornar o protocolo Zigbee ainda mais seguro adicionando-se encriptação na comunicação, utilizando, para isso, o protocolo AES, com 128 bits de tamanho de chave.

Na Figura 1.7 podemos observar um roteador Zigbee.

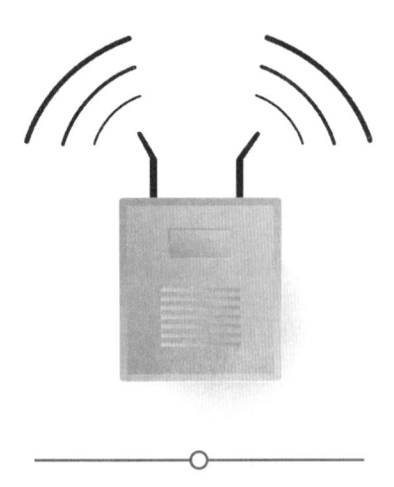

FIGURA 1.7. Roteador genérico Zigbee.
Fonte: Pixabay

PLATAFORMA OU MIDDLEWARE

A plataforma é responsável por transmitir os dados da camada de rede onde encontram-se os dispositivos, as aplicações. Lembrando-se que dispositivos IoT podem se conectar usando diversas tecnologias, como a 3G/4G, Wi-Fi, Bluetooth, Zigbee etc. Como uma grande quantidade de dados podem ser coletados por esses sensores, esta camada faz a interface mediando o processo de transmissão entre a internet e a Cloud. Falando nisso, a tecnologia Cloud é a que oferece a melhor e mais estável interface onde esses dados podem ser armazenados e processados.

CAMADA DE APLICAÇÃO

A camada de aplicação faz uso dos dados processados na camada anterior. Na verdade, esta camada constitui-se de toda a interface do usuário, as aplicações normalmente estão hospedadas na Cloud e são acessadas via aplicativos ou pela web.

A funcionalidade da Internet das Coisas prevê uma boa conexão à internet, porém, links de baixa capacidade e regiões onde não se possua uma boa cobertura podem dificultar o amplo uso dessa tecnologia.

Vamos verificar mais adiante que boa parte das vulnerabilidades estão relacionadas a falhas justamente na camada de aplicação e na camada de sensores (dispositivos).

1.3 DESAFIOS PRESENTES NA INTERNET DAS COISAS

A Internet das Coisas estará mais presente a cada dia, não apenas em nossas casas, mas no dia a dia das empresas e grandes corporações. Existem, no entanto, uma série de desafios que precisam ser superados e que estão diretamente atrelados às limitações impostas pela tecnologia.

Esta tecnologia deve ser tratada também a partir da ótica de escalabilidade, disponibilidade, gerenciamento e, principalmente, segurança. Quando falamos em aplicar a Internet das Coisas em um ambiente de produção, como em uma empresa, devemos nos dar conta de que esta tecnologia deverá se integrar com os diferentes sistemas, fluxos de dados, bases de dados e processos já existentes nessas corporações.

ESCALABILIDADE

Quando pensamos em escalabilidade, devemos considerar alguns fatores, como o número de dispositivos conectados e também o volume de dados gerados por eles. Em termos de rede, devemos avaliar fatores como velocidade, capacidade de lidar com conexões simultâneas e como garantir qualidade de serviço na comunicação.

A grande maioria dos dispositivos IoT ainda trabalham com processadores de baixa capacidade, muitos deles baseados em instruções de 32 bits e que utilizam dispositivos IP versão 4, o que limita muito a capacidade dos dispositivos. Devemos lembrar que o endereçamento versão 4 já se encontra praticamente esgotado. É necessário migrarmos para o IP versão 6, que implementa um modelo de endereçamento de 128 bits, o que nos permitiria um número praticamente ilimitado de dispositivos 2^128.

Outro grande desafio é como tratar um volume de dados tão grande e com grande capacidade de processar e armazenar. É evidente que isso só será possível com a adoção de sistemas em Cloud, pois ela nos permite criar escala o suficiente para coletar e processar a grande quantidade de dados proveniente dos dispositivos.

A Cloud deve incorporar um sistema de banco de dados não tradicional e não estrutural, como por exemplo o Hadoop. Estes sistemas são grandes bases de dados distribuídas, baseadas em Java, que trabalham como grandes cluster de dados, capazes de armazenar e permitir a leitura, escrita e busca destes dados em alta velocidade.

DISPONIBILIDADE

A disponibilidade envolve a capacidade de recuperação no caso de falhas, ou seja, como o sistema consegue se adaptar para garantir sua operação no caso da ocorrência de um problema.

Os sistemas de alta disponibilidade tradicionais se aplicam também às redes IoT, o uso, por exemplo, de sistemas em arquitetura de alta disponibilidade. Um ativo e outro backup prontos para entrar em operação são algumas das soluções apresentadas. Esses sistemas que adotam redundâncias são também conhecidos como sistemas com tolerância a falhas.

A alta disponibilidade deve estar associada aos SLA (Service Level Agreements) estabelecidos. Os SLAs são contratos que estabelecem o tempo máximo de indisponibilidade de um determinado serviço, e o tempo máximo para que ele seja restabelecido.

GERENCIAMENTO

Gerenciar dispositivos IoT é um grande desafio tecnológico, principalmente porque a grande maioria dos equipamentos não são gerenciados. Na maioria das vezes, trabalham de maneira remota e sem nenhuma intervenção humana.

Novos métodos de gerenciamento específicos devem ser criados para atender a essa nova arquitetura.

O BIG DATA

A Internet das Coisas muda a maneira como trabalhamos, interagimos com o ambiente e nos divertimos; a velocidade com a qual criamos um grande volume de dados é impressionante.

Hoje existem vários sistemas que monitoram a posição geográfica do usuário, estes sistemas podem gerar uma grande quantidade de dados. Temos, por exemplo, diversos *smartwatches* utilizados para a prática esportiva, como corridas que monitoram constantemente dados biométricos do esportista, tal qual batimentos cardíacos, intensidade da atividade, localização via GPS, e sincronizam essas informações em um sistema em Cloud.

O grande desafio é como armazenar e manipular essa grande quantidade de dados. A necessidade do uso de abordagens de arquitetura de bases de dados não tradicionais é a chave da questão.

SEGURANÇA

As arquiteturas de segurança tradicionais, baseadas em perímetros que separavam a rede interna das empresas da internet, hoje já não existem na arquitetura IoT e Cloud. Novos desafios surgem para garantir a implementação dos serviços de segurança, como autorização, autenticação, controle de acesso e privacidade, buscando reduzir ao máximo o impacto na usabilidade do usuário.

A regra da segurança acaba sendo sempre a da balança: quanto mais seguro um sistema é, mais penalizamos sua performance e vice-versa. Um sistema com uma alta performance normalmente não possui todos os recursos de segurança implementados, e apresenta, portanto, vulnerabilidades.

USABILIDADE

A usabilidade tem um grande papel nas soluções modernas. O desafio nesta área é treinar e preparar o usuário para trabalhar com novas soluções, pois muitas dessas aplicações IoT podem apresentar um alto nível de complexidade e devem ser tratadas da forma correta.

ESFORÇOS DE PADRONIZAÇÃO

Existem vários organismos de padronização que dedicam tempo e esforços na definição de um esboço de padrão para o IoT. Entre eles, podemos destacar:

- **I.S.O.**: Se dedica a criar padrões mundiais em diversos segmentos da indústria. A proposta é a criação de uma arquitetura de referência definida no esboço da norma ISO/IEC 30141;
- **ITU-T**: Está mais focada em normas para sistemas de comunicação, se dedica à camada de rede e como os dispositivos devem estar conectados. A ITU-T vem trabalhando no esboço da norma ITU-T Y.2060;
- **IIC IIRA** (Industrial Internet Consortium): Foca na aplicação industrial do IoT, definindo alguns cenários de implementação da ferramenta;
- **RAMI 4.0** (Reference Architectural Mode Industrie): É a associação dos engenheiros industriais da Alemanha e foca na criação da manufatura de nova geração. Trabalham em conjunto com a ISO para a criação de uma nova norma conhecida como IEC 62264 e 62890.

ISO 30141

Esta norma define aspectos relacionados à arquitetura e projetos que auxiliam na criação de um sistema IoT baseado em tecnologia Plug and Play, dessa forma um modelo de referência é criado para suportar esses novos projetos de IoT.

ITU-T 2060

A ITU-T define características funcionais do modelo de referência, estas incluem interconectividade, serviços, sistemas de localização, segurança, privacidade e também como tornar a IoT Plug and Play.

Como podemos observar no modelo da Figura 1.8, a ITU-T define quatro camadas funcionais: aplicação, suporte, rede e dispositivo. O modelo endereça as capacidades de gerenciamento e segurança de cada uma das camadas.

A segurança é dividida em um modelo genérico e um específico. Processos de autorização e autenticação são definidos para os dispositivos nas camadas de aplicação, rede e dispositivos.

Além disso, a camada de aplicação adiciona confidencialidade dos dados e proteção para integridade, controle de privacidade, auditoria de segurança e sistemas de antivírus.

A camada de rede incorpora mecanismos de controle de integridade e confidencialidade, também fazendo o uso de protocolos seguros.

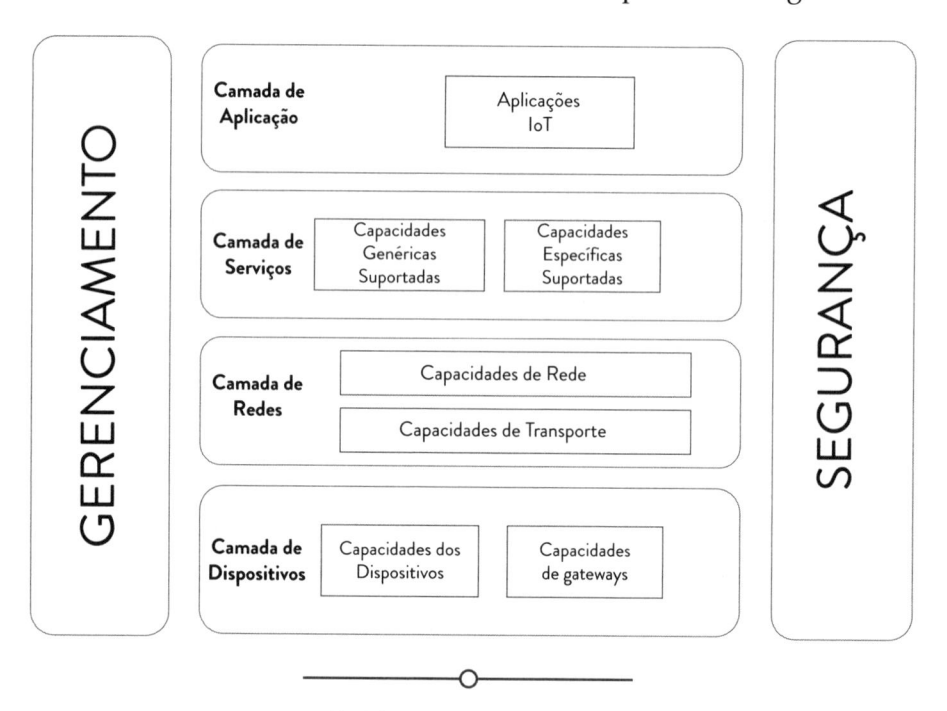

FIGURA 1.8. Modelo de referência proposto pelo ITU-T.

IIC IIRA

O IIC é focado na aplicação industrial a IoT, existem quatro áreas-chave: uso no negócio, implementação e análise funcional. A abordagem do uso no negócio busca definir a importância da tecnologia e como ela pode facilitar os processos, trazendo benefícios de produtividade e otimização de recursos.

Esta abordagem, que incorpora também os benefícios ao negócio, é interessante, uma vez que muitas tecnologias criadas são notáveis em termos tecnológicos, mas nem sempre se revelam viáveis financeiramente na implementação.

O modelo de referência do IIC possui quatro domínios funcionais: controle, operações, informação, aplicação e negócios.

Os aspectos relacionados à segurança são identificados e discutidos na perspectiva de cada um dos domínios. Os aspectos analisados se referem à segurança e confiabilidade de sistemas, privacidade das informações, conectividade, interoperabilidade, gerenciamento de dados e resiliência.

RAMI 4.0

O RAMI é um modelo de referência criado pela associação dos engenheiros industriais da Alemanha. Ele busca apresentar uma nova concepção do processo industrial, conhecido como Indústria 4.0, e que foi apresentado inicialmente na Feira Mundial de Hannover, em 2015.

O modelo especifica um processo de comunicação entre dispositivos usando uma pilha de protocolos OSI, que é o padrão mais utilizado em redes, com sete camadas funcionais, onde cada camada tem a sua função específica. A ideia da Indústria 4.0 é integrar ao processo de fabricação dispositivos, sensores e atuadores, que são mecanismos IoT integrados, para a melhoria do processo industrial.

O modelo apresentado tem uma abordagem tridimensional, onde três eixos são descritos como níveis hierárquicos através de um processo produtivo conectado à internet. Esses processos são baseados na norma IEC 62680.

RECAPITULANDO

Neste capítulo, introduzimos os conceitos de Internet of Things [Internet das Coisas] com uma abordagem de mercado, subsistemas, camadas, benefícios, desafios e padrões que estão sendo estabelecidos. A IoT ainda é algo novo e que demanda muito esforço de padronização para permitir integrar e interoperar dispositivos de diferentes fabricantes. Seguindo esse esforço, apresentamos algumas iniciativas da ISO, ITU-T, IIC IIRA e RAMI 4.0.

Para praticar

1. Qual a característica de um sistema para que ele seja considerado um sistema IoT?
2. Descreva pelo menos dois desafios tecnológicos para a implantação da IoT.
3. Quais as vantagens do uso do protocolo Zigbee em dispositivos IoT?
4. Qual a importância da camada de rede da IoT?
5. O que é a camada de aplicação na IoT?
6. Como é possível, pela IoT, gerenciar um grande volume de dados gerados pelos dispositivos?
7. Como é tratada a segurança em dispositivos IoT?

DEFININDO A TECNOLOGIA

Respostas

1. O dispositivo para ser categorizado como IoT deve obrigatoriamente estar conectado a Internet, pode ser diretamente ou através de um elemento intermediário como um gateway.

2. Os principais desafios são: como garantir a segurança em dispositivos tão pequenos e com pequena capacidade computacional e como integrar estes dispositivos com sistemas legados de forma segura.

3. Baixíssimo consumo de energia e excelente para ser incorporado em uma rede de sensores.

4. É a camada que digitaliza e transfere dados através de canais de comunicação seguros para sistemas que vão tratar estes dados (Big Data).

5. É a camada que faz uso dos dados processados na camada anterior, na verdade esta camada constitui-se de toda interface de usuário, as aplicações normalmente estão hospedadas na Cloud e acessadas via aplicativos ou normalmente pela web.

6. Normalmente quando falamos de uma grande quantidade de dados a serem gerenciados é importante um sistema de suporte a operação baseado em big data, hoje existem várias novas tecnologias como o Block chain que permite tratar com um grande volume de dados.

7. Os primeiros dispositivos IoT simplesmente desprezavam a necessidade de segurança, o que acabava por trazer um risco muito elevado para as instalações, existem ataques reportados de negação de serviços desde uma rede IoT. Hoje já começam a existir dispositivos onde a segurança principalmente no quesito autenticação e confidencialidade já se encontram incorporados.

CAPÍTULO 2

SEGURANÇA EM IOT

Neste capítulo vamos tratar de conceitos de segurança que são e devem ser amplamente utilizados em IoT.

2.1 INTRODUÇÃO

Não devemos tratar a segurança em IoT diferentemente de como fazemos com outras tecnologias, abordando sempre o aspecto tecnológico, o aspecto de processos e as pessoas. Ou seja, os fundamentos de segurança e de como realizar um trabalho de forma segura não mudam, precisam, sim, serem adaptados ao uso dessas tecnologias. Desde que obedeçam aos princípios fundamentais de segurança, definidos pelo termo em inglês como CIA Triad.

2.2 CIA TRIAD

A CIA Triad define os três fundamentos da segurança da informação:

- **Confidencialidade:** É o modo de assegurar que as informações trocadas entre os dispositivos sejam trafegadas de um modo seguro, garantindo que apenas pessoas autorizadas tenham acesso a tal informação. Na IoT, a confidencialidade deve incorporar duas grandes áreas: a primeira é garantir que a informação trafegue de forma segura entre os distintos sistemas de comunicação, é o que conhecemos como dados em movimento. A segunda é como garantir que os dados armazenados, ou em repouso, estejam protegidos.

FIGURA 2.1. O cadeado é o símbolo da confidencialidade, normalmente os sistemas criptográficos usam este símbolo para indicar segurança.

- **Integridade:** O processo de integridade consiste em garantir que uma determinada ação executada pelo sistema ocorra de forma integra, ou seja, que durante o processamento, os dados e o fluxo da informação estejam coerentes, não tenham sido alterados de maneira proposital. Controles de integridade garantem que uma operação ou o estado do dispositivo se mantenham íntegros durante toda a realização.

- **Autorização:** O conceito de autorização em um plano mais amplo incorpora também a autenticação, a maneira de garantir que o usuário ou o sistema do dispositivo seja autêntico, e autorizado a utilizar o sistema do modo correto e íntegro. Hoje a gestão da identidade do usuário é um dos grandes desafios da internet, uma vez que é necessária a implementação de processos que garantam a autenticação do usuário de forma constante.

FIGURA 2.2. A autorização é como uma porta aberta liberando o acesso.
Fonte: Pixabay

Além dos fundamentos básicos, devemos incorporar serviços de segurança, são eles: disponibilidade, não repúdio.

A disponibilidade consiste em garantir que o sistema estará disponível 24x7, isso é possível fazendo uso de servidores backup em arquitetura hot stand-by, ou seja, existe uma mesma infraestrutura e aplicação pronta para entrar no ar, caso haja uma falha nos sistemas principais. Essa arquitetura de alta disponibilidade normalmente traz custos adicionais, porque é necessário replicar infraestruturas, o que normalmente acaba sendo caro. A disponibilidade normalmente é medida na quantidade de casas após a vírgula de 99% que o sistema precisa entregar. Normalmente, um sistema que tem disponibilidade de 99,9 % tem um custo x, quando adicionamos uma casa como 99,99% o custo acaba aumentando para 10x. Ou seja, quanto mais confiável e disponível for o sistema, maior o seu custo. Isso está relacionado diretamente com a confiabilidade de sistemas. Os sistemas mais confiáveis, como aviões e naves espaciais, normalmente possuem vários sistemas redundantes e caros para que assim se consiga chegar em um alto nível de confiabilidade.

O não repúdio também é um serviço de segurança muito importante. A ideia do não repúdio é a de mecanismos que permitam ao sistema identificar quem efetivamente realizou uma determinada operação, e que este não possa negar que a tenha realizado. Existem várias tecnologias e métodos de não repúdio, mas um exemplo clássico e que podemos trazer para o nosso dia a dia é o da câmera no caixa eletrônico de um banco. Quando um cliente realiza um saque, a câmera filma. Se por algum motivo esse cliente negar que tenha realizado determinado saque, existe o registro da câmera comprovando que o saque foi realizado.

FIGURA 2.3. Segurança de não repúdio no ATM.
Fonte: Pixabay

A maior parte dos riscos está relacionada a eventuais vulnerabilidades que possam existir em um desses três grandes fundamentos.

SEGURANÇA, UM JOGO DE RISCOS

Existem outros quatro conceitos importantes que devemos levar em conta quando tratamos de segurança da informação:

- **Ativo** – Algo de valor para a empresa e com necessidade de proteção, como propriedade intelectual, bases de dados de clientes, programas desenvolvidos internamente e segredos do negócio. Estes ativos devem ser protegidos contra o acesso não autorizado, o uso, destruição ou alteração por terceiros. Os ativos podem ser categorizados de acordo com seu grau de segurança: sensíveis, confidenciais, secretos e ultrassecretos.

- **Vulnerabilidade** – É uma fraqueza que um produto ou solução pode ter que afeta a sua integridade, disponibilidade ou confidencialidade. Uma fraqueza pode ser explorada por um hacker, e podemos considerar um software inseguro e como bugs quando ele é vulnerável ;

- **Ameaça** – É uma violação da segurança que pode impactar uma organização e seu patrimônio. Essa ameaça pode estar relacionada a acessos não autorizados, alteração e destruição, ou mesmo a exploração de uma vulnerabilidade.

- **Risco** – O risco está relacionado à probabilidade de um determinado evento ocorrer e uma potencial perda ou dano a um sistema de computação, software ou dados. Todo risco deve ser avaliado e uma contramedida deve ser tomada, minimizando a chance de uma ameaça ter êxito na execução.

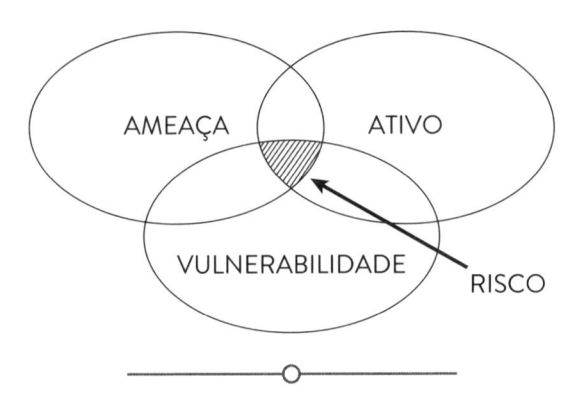

FIGURA 2.4. Relação entre ameaça, ativo, vulnerabilidade e risco.

Algumas medidas utilizadas para evitar que uma ameaça tenha êxito:

- **Criação de uma política de segurança** que inclua procedimentos, guias e recomendações, onde o usuário é obrigado a assinar um documento aceitando e respeitando a política de segurança. Isto visa basicamente minimizar o risco do fator humano, uma vez que é fato que os grandes incidentes de segurança ocorrem, na maioria dos casos, por imprudência ou falta de cuidado com a segurança dos usuários;

- **Proteção física**, a garantia da proteção física da infraestrutura, dispositivos de rede e servidores são pontos fundamentais. Controle de acesso ao data center, deixar equipamentos de rede e cabos trancados é imprescindível para garantir que nenhum terceiro tenha acesso aos equipamentos e possa se tornar uma verdadeira ameaça. Existem vários ataques reportados onde o invasor conseguiu ter êxito simplesmente porque teve acesso físico aos equipamentos;

- **Redundância**, o uso de sistemas de energia redundantes com nobreak, a implementação de serviços e servidores em alta disponibilidade são maneiras de minimizar uma falha de energia ou uma falha de hardware ou aplicação;

- **Produtos de segurança**, são todos os controles que adicionamos à rede e aos sistemas para garantir que a ameaça não seja bem-sucedida. São eles: sistemas de autenticação forte (como autenticação de segundo fator), paredes de firewall, sistemas de detecção de intrusão por rede e sistemas de proteção das máquinas (antivírus). Existem múltiplas soluções no mercado que podem fornecer várias camadas de proteção, todas elas, no entanto, devem ser aderentes à estratégia de proteção definida para a empresa.

VOCÊ CONHECE A NORMA 27001 DA ISO QUE TRATA A SEGURANÇA DA INFORMAÇÃO?

A ISO (International Organization for Standardization) é a maior organização de padronização do mundo e tem a participação de mais de 160 países-membros, com sede em Genebra, na Suíça. É uma organização não governamental que padroniza tudo, ou seja, não está relacionada apenas à segurança ou Tecnologia de Informação. Por exemplo, um padrão de tubulação pode seguir uma norma da ISO. Quando se trata de segurança da informação, um dos membros mais ativos e que auxiliou a criação de uma padronização em segurança foi a British Standard, organismo de padronização britânico que, nos anos 1990, criou a norma BS/7799, que se iniciou como um padrão de segurança para as usinas nucleares britânicas. Essa norma foi a base da norma ISSO 1.7799 e também serviu de pilar para a criação da ISSO 2.7001.

A ISO 2.7001 define padrões para se estabelecer, implementar, operar, manter, revisar e ter um processo de melhoria contínua de sistemas de informação seguros. Como toda norma, ela é baseada em processos que devem ser muito bem documentados para garantir que os riscos sejam identificados e tratados dentro da organização. Uma norma sempre vai ter um escopo genérico, ou seja, ela pode ser aplicada para todos os casos e empresas. O desafio na implementação e certificação da norma é garantir que procedimentos e aplicações sejam realizados para que todos os controles de segurança sejam tratados dentro da organização. Um exemplo: uma premissa da norma é que exista gerenciamento sobre os dispositivos. Assim sendo, é importante dentro de uma rede IoT que os dispositivos sejam gerenciados e que possam se coletar estatísticas e logs de acesso. Esses dados são muito importantes para traçarmos uma trilha de auditoria, essencial, por exemplo, para a investigação de ataques cibernéticos.

2.2.1 CONFIDENCIALIDADE

A confidencialidade é um dos serviços de segurança mais importantes. Precisamos garantir que apenas as pessoas devidamente autorizadas tenham acesso à informação. A autorização pode ser baseada no uso de alguma tecnologia de controle de acesso, mas principalmente por criptografia.

A criptografia é uma ferramenta fundamental para garantir a confidencialidade, uma vez que um texto ou informação que esteja cifrado (que passou por um processo de criptografia) está seguro e protegido, e que apenas os usuários autorizados, que possuam a chave criptográfica, terão acesso a essas informações.

A criptografia é uma ciência matemática e milenar. Desde a época do Egito Antigo são conhecidos casos do uso de criptografia para proteger informações sigilosas. As tumbas dos antigos faraós do Egito tinham seus nomes grafados em hieróglifos (escrita egípcia) escritos de forma incompreensível. Ao longo do século XIX, arqueólogos e pesquisadores ingleses descobriram que, na verdade, se tratava de uma grafia encriptada.

O princípio da criptografia é criar um problema matemático de difícil resolução, ou seja, mesmo que alguém utilize um supercomputador e tente quebrar a criptografia por força bruta, tentando adivinhar a chave criptográfica por tentativa e erro, esse processo levaria milhares de anos, tornando-o completamente ineficaz.

Os elementos básicos da criptografia são:

- **Texto claro:** É simplesmente a informação que não se encontra criptografada ou o dado que desejamos proteger. O texto claro consiste em informações vulneráveis e não protegidas.

- **Texto cifrado:** O texto cifrado corresponde ao texto que passou por um processo criptográfico, ou seja, é o resultado de um processo matemático do texto claro com a chave criptográfica. Existem dois processos que acontecem com o texto cifrado. A encriptação, que é o processo de transformar um texto claro em um texto cifrado, e a decriptação, que é o processo contrário, onde um texto cifrado é transformado em um texto claro.

- **Chave criptográfica:** A chave criptográfica é justamente o segredo da criptografia. Uma vez que a fórmula matemática para o processo, conhecido como algoritmo criptográfico, é algo de domínio público na grande maioria das vezes, a proteção se dá justamente pela chave que deve ser mantida em segredo e armazenada com o maior nível de segurança possível. Quando a chave criptográfica é comprometida, toda a segurança da informação vai por água abaixo, principalmente porque, se alguém tem acesso ao texto cifrado e descobre a chave, a decriptação está garantida.

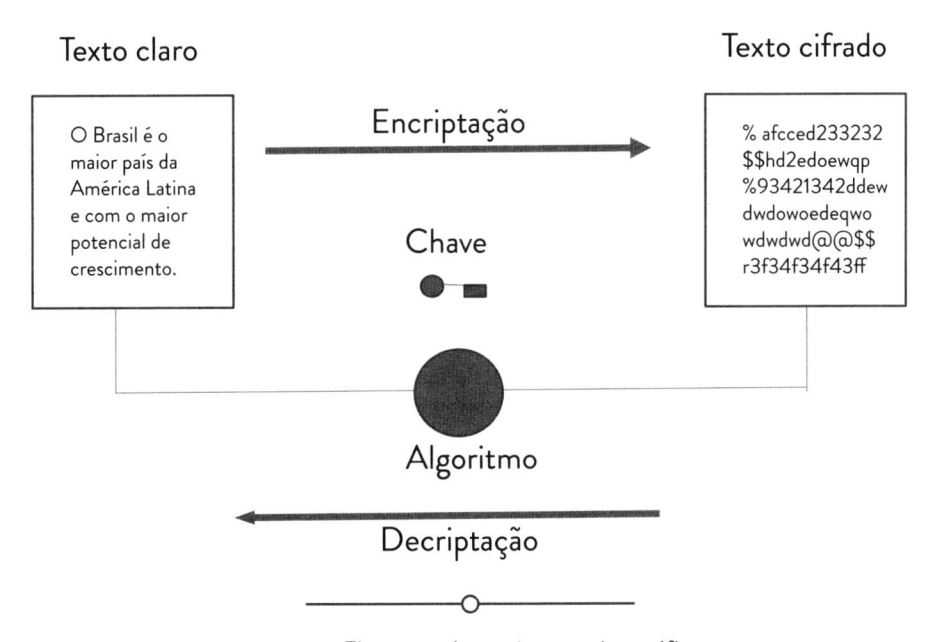

FIGURA 2.5. Elementos de um sistema criptográfico.

- **Existem dois tipos de algoritmos criptográficos:** os algoritmos simétricos e os assimétricos.

ALGORITMOS SIMÉTRICOS

Em um algoritmo simétrico é mais rápido realizar a cifra por blocos de informação e são facilmente implementados por hardware. Por esse motivo, existem hardwares criptográficos para esse uso específico. Os principais algoritmos criptográficos simétricos são o 3DES, o 3DES ou Data Encryption System 3, que nada mais são do que a aplicação do algoritmo DES, criado pela NSA em 1976, três vezes, com diferentes chaves. O 3DES é usado comercialmente em larga escala desde os anos 1990 e utiliza uma chave de criptografia simétrica de 168 bits.

A evolução do 3DES vem nos anos 2000 com o AES, que é um algoritmo de domínio público criado a partir de um concurso de criptografia. Hoje, o Advanced Encryption System utiliza chaves de até 256 bits, sendo extremamente seguro e confiável. Existe uma ampla utilização do AES em praticamente todas as indústrias e segmentos. Por ser também uma cifra em bloco, é de fácil implementação por hardware e rápido o suficiente para alcançar um bom desempenho.

A criptografia simétrica, como já citado, é facilmente aplicada à implementação em microchips de uso específico, isso facilita o uso em dispositivos móveis e de IoT em geral. O uso de chaves grandes aumenta a dificuldade computacional e, portanto, diminui os riscos de uma chave ser quebrada ou adivinhada.

Embora os algoritmos que utilizamos hoje em larga escala tenham sido criados há mais de 20 anos, ainda continuam extremamente seguros, uma vez que a capacidade computacional não avançou o suficiente para torná-los um risco. A computação quântica, no entanto, está avançando a passos rápidos. Ela realiza o processamento baseada em chips que utilizam fótons e não elétrons, trabalhando a velocidades impressionantes. Com a computação quântica existem riscos desses algoritmos serem quebrados em tempos mais curtos e previsíveis. Matemáticos e pesquisadores de criptografia há algumas décadas já vêm propondo o uso de computadores quânticos para implementar a criptografia quântica. Ela traz novamente a confiança de não ser quebrada, mesmo com o uso da computação quântica.

Os algoritmos simétricos trazem desafios, como garantir que a chave criptográfica simétrica seja configurada de forma segura nas duas pontas, ou seja, o envio da chave para a outra ponta da comunicação deve ocorrer de forma segura. Para realizar essa atividade, é necessário o uso de algum método comprovadamente seguro e eficiente para a troca de chaves. Daí surge a criptografia assimétrica.

ALGORITMOS ASSIMÉTRICOS

Os algoritmos assimétricos foram criados em 1975 por dois matemáticos americanos: Whitfield Diffie e Martin Hellman. Eles criaram um algoritmo criptográfico não baseado no uso de uma única chave, mas sim em duas, ou seja, quebrou-se o paradigma de utilizar a mesma chave para encriptar e para decriptar. Na criptografia assimétrica existe agora um par de chaves, uma chave utilizada para encriptar e uma segunda chave para decriptar.

Dessa forma, um texto encriptado por uma chave x apenas consegue ser decriptado por uma chave y. Para entender melhor, vamos ilustrar usando os dois personagens clássicos da criptografia: o Bob e a Alice.

O Bob vai possuir um par de chaves, a primeira chave do Bob é a chave privada. Essa chave é utilizada para que Bob encripte os dados. A segunda chave é a chave pública de Bob, que é utilizada para descriptografar as mensagens encriptadas por Bob.

Ao mesmo tempo, Alice também possui seu par de chaves: a privada, usada para encriptar, e a pública, usada para decriptar.

Quanto Bob deseja enviar algo para a Alice de modo criptografado, o primeiro passo é o processo de troca de chaves criptográficas. Isso pode ser realizado mesmo por um canal inseguro, uma vez que a chave pública não é uma informação confidencial e pode ser divulgada livremente.

Assim, Bob envia sua chave pública para Alice e ela, por sua vez, envia sua chave pública para Bob. Vamos então enumerar os passos necessários para a troca segura de mensagens entre Bob e Alice usando a criptografia assimétrica.

1. **Passo 1:** As chaves públicas e privadas de Bob e Alice devem ser geradas. Existem algoritmos específicos para a geração do par de chaves criptográficas, mas para facilitar a notação vamos chamar as chaves de Bob_pub (chave pública de Bob), Bob_priv (chave privada de Bob), Alice_pub (chave pública de Alice) e Alice_priv (chave privada de Alice);

2. **Passo 2:** Bob envia sua chave pública (Bob_pub) para Alice. Alice envia sua chave pública (Alice_pub) para Bob. Nesta etapa, ocorreu o que chamamos do processo de troca de chaves criptográficas;

3. **Passo 3:** Bob encripta os dados que deseja enviar para Alice usando a chave pública de Alice (Alice_pub). Um detalhe importante é que Bob não consegue decriptar o texto que acaba de encriptar porque ele não tem a chave privada (Alice_priv) da Alice.;

4. **Passo 4:** Bob envia a mensagem criptografada pelo canal de comunicação não seguro, com destino a Alice. É bom lembrar que mesmo que essa mensagem seja interceptada no caminho, ela continua em segredo, uma vez que quem a interceptou não possui, na teoria, a chave privada de Alice e, portanto, não conseguiria descriptografar a mensagem;

5. **Passo 5:** Alice recebe a mensagem;

6. **Passo 6:** Alice utiliza sua chave privada (Alice_priv) para descriptografar e ter acesso ao conteúdo da mensagem. Para enviar uma mensagem de volta a Bob é necessário agora utilizar a chave pública de Bob (Bob_pub), encriptando a mensagem;

7. **Passo 7:** Alice manda a mensagem a Bob fazendo uso de um canal inseguro;

8. **Passo 8:** Bob recebe a mensagem e vai descriptografá-la usando a chave privada de Bob (Bob_priv), tendo, portanto, o acesso à mensagem em texto claro.

Os principais algoritmos criptográficos de chave assimétrica são RSA, Diffie-Hellman e Curvas elípticas.

RSA

O nome RSA vem dos criadores Ron Rivest, Adi Shamir e Leonard Adleman. Ele foi um dos primeiros algoritmos assimétricos, criado em 1977. O RSA utiliza processo de fatoração para encriptar. As chaves públicas e privadas são números primos grandes. Normalmente ele é utilizado como um algoritmo usado para assinatura digital, ou troca de chaves criptográficas devido à grande demanda de processamento para a sua execução, muitas vezes superior a um algoritmo simétrico.

DIFFIE-HELLMAN

O Diffie-Hellman também leva o nome de seus criadores Whitfield Diffie e Martin Hellman, foi o primeiro algoritmo assimétrico que faz uso de chaves logarítmicas discretas. O principal uso do Diffie-Hellman é a troca de chaves simétricas utilizadas por algoritmos simétricos em um canal inseguro, como a internet.

CURVAS ELÍPTICAS

Os algoritmos de curvas elípticas ou ECC – Error Correction Code, na sigla em inglês, possuem a mesma finalidade dos algoritmos de trocas de chaves e assinaturas digitais, porém, de forma muito mais eficiente do que qualquer algoritmo assimétrico tradicional, como o RSA ou DH. O algoritmo calcula o logaritmo discreto das curvas elípticas, o que é diferente de calcular logaritmos em um campo finito, como faz o DH. O ECC é muito utilizado por dispositivos que possuem menos recursos computacionais como smartphones, tablets e dispositivos IoT, principalmente devido à sua eficiência. O ECC consegue apresentar o mesmo nível de proteção que o RSA ou o DH, fazendo uso de uma chave criptográfica muito menor e ocupando muito menos recurso.

Na Tabela 2.1, temos uma comparação do tamanho de chave, na qual cada algoritmo apresenta a mesma dificuldade para ser quebrado.

Um algoritmo simétrico, como uma chave de 256 bits, que é o caso do AES, é compatível em termos de segurança a um algoritmo de curvas elípticas (ECC) de uma chave de 571 bits ou a um Diffie- Hellman/RSA com chave de 15.360 bits.

Simétrica	Curvas elípticas	Assimétrica
80	163	1024
112	233	2048
128	283	3072
192	409	7680
256	571	15360

TABELA 2.1. Comparando o nível de dificuldade de algoritmos.

2.2.2 INTEGRIDADE

A integridade é outro conceito fundamental na segurança da informação. Existem vários mecanismos para garantir que uma determinada informação ou dado não tenha sido alterado durante o trânsito ou armazenamento, o primeiro que foi criado para este fim foi o algoritmo de hash.

O hash é um algoritmo utilizado para garantir a integridade e verificar se ocorreram mudanças não previstas no armazenamento e envio de mensagens. Uma função de hash mapeia um bloco de dados de tamanho variável ou uma mensagem em valores de tamanho fixo, conhecido como código hash. O hash é o resultado de uma função matemática que é processada com os dados a serem calculados. Essa função foi desenvolvida para trabalhar unidirecionalmente, ou seja, um hash não é inversível. Através de um hash não é possível chegar na mensagem ou dado que deu origem ao seu cálculo.

Quando aplicamos, numa mensagem, a função de hashing, cada mensagem sempre apresentará um hashing único e de tamanho fixo. Se realizarmos qualquer alteração nesse texto, como acrescentar uma vírgula, o hash sofrerá alteração.

Esse processo garante a integridade, pois podemos calcular o hash, criptografá-lo e enviá-lo junto com a mensagem. Quem receber pode descriptografar o hash e compará-lo com o resultado do cálculo realizado na recepção. Se o hash enviado não bater com o hash recebido, está provado que houve alteração da mensagem no envio.

Exemplos de algoritmos de hashing: MD5 (128 bits), SHA 256 e HMAC.

MD5

O MD5 foi um algoritmo desenvolvido pelo matemático Ronald Rivest em 1991. Ele foi padronizado pela RFC 1321 como um algoritmo de hash que, a partir de uma mensagem de entrada de tamanho arbitrário, gera como uma saída uma impressão digital ou um hash de tamanho fixo de 128 bits. O MD5 é muito utilizado para sistemas de assinatura digital, e algoritmos de troca de chaves criptográficas como o RSA.

Já foi demonstrado que o MD5 pode sofrer colisão, esse processo indica que duas strings distintas poderiam ter o mesmo hash, isso demonstra uma vulnerabilidade nesse algoritmo de hashing.

SHA 256

O SHA é uma família de algoritmos de funções de hash, o mais conhecido é o SHA-1, muito utilizado em diversas aplicações e protocolos seguros como o TSL, SSL, PGP, IPSEC e Security MIME (para a troca segura de correios).

O SHA-1 é considerado superior e mais resistente a um processo de colisão que o MD5, sendo considerado como o padrão da NSA (National Security Agency) Americana. Existem ainda quatro variantes do

SHA: o SHA-224, o SHA-256, SHA-384 e o SHA-512, não existe nenhuma técnica reportada de ataque às variantes de mais de 224 bits.

HMAC

O HMAC é uma função de hashing usada para autenticação de mensagens que incorpora uma chave. Para realizar a execução deste algoritmo e verificar a integridade da mensagem, é necessário o uso da mesma chave utilizada para a criação do hash.

Os códigos de autenticação de mensagens, o MAC, são gerados usando um bloco de entrada e uma chave criptográfica simétrica. Essa chave é utilizada para calcular o hash. O MAC tem um objetivo similar a uma assinatura digital, mas é baseado em criptografia simétrica, o que é mais eficiente que a criptografia assimétrica, mas envolve maior complexidade na distribuição da chave, uma vez que ela deve se manter secreta.

2.2.3 AUTENTICAÇÃO

Chamamos de autenticação o processo de verificar se o usuário é autêntico, porém, este processo envolve alguns conceitos mais amplos relacionados a sistemas AAA (Autenticação, Autorização e Auditoria).

Existem basicamente três métodos para essa verificação:

- **O que o usuário sabe:** Nada mais é do que o uso de uma senha, a segurança do sistema está em manter a senha em segredo. É preferível usar uma senha forte e difícil de ser adivinhada, uma vez que isso dificulta o uso de sistemas que fazem ataques de força bruta. Uma senha forte é uma senha que possui algum critério para sua criação, e que envolva pelo menos: caracteres especiais, letras maiúsculas, minúsculas e números.

- **O que o usuário possui:** Neste caso, envolve a utilização de um token ou cartão, esse token ou cartão é necessário para permitir que o usuário realize a autenticação. O cartão pode ser um smartcard que deve ser inserido para permitir realizar a autenticação, o token normalmente faz uso do que chamamos de OTP (One Time Password, em inglês) , ou seja uma senha que deve ser utilizada uma única vez. Hoje existem soluções de OTP físicas, por exemplo, tokens físicos de autenticação, ou mesmo aplicações de OTP para celular, sendo necessário que o usuário esteja com o aparelho para realizar a autenticação.

- **O que o usuário é:** Neste caso é necessário o uso de uma característica biométrica. Essa característica pode estar baseada em uma impressão digital, no reconhecimento da íris ou facial, ou mesmo utilizar uma característica biométrica de comportamento, como identificar o padrão de digitação do usuário.

Relacionado à autenticação, ainda temos os processos de autorização. A autorização consiste no controle de acesso do usuário, ou seja, quais são as permissões de acesso aos sistemas que esse usuário vai ter. Normalmente, quando tratamos de direitos de acesso devemos ter diferentes papéis com diferentes permissões de uso. Um usuário com nível de administração deve ter poder de acesso global a todos os recursos, permitindo, inclusive, a criação e alteração de acesso a novos usuários ao sistema. Já quem possui um acesso de usuário simples tem escopo mais limitado, podendo acessar o que normalmente definimos como "Need to Know". Esse princípio parte da premissa de segurança da informação onde o usuário deve ter acesso apenas à informação que ele precisa para o seu trabalho. Qualquer acesso não pertinente pode trazer riscos à organização.

Muitas vezes acreditamos na boa-fé, mas um usuário, às vezes por um descuido, pode infectar sua máquina por um malware se tiver um acesso muito grande e com muitos direitos. Isso pode representar um risco aos dados da organização.

Adicionalmente ao processo de autorização, sempre associado a um sistema de autenticação, deve-se possuir trilhas de auditoria. Essas trilhas são registros das ações realizadas pelo usuário, como data e hora que se logou ao sistema, arquivos acessados e as principais atividades realizadas.

O log de auditoria de eventos deve ser protegido para que não seja apagado ou mesmo alterado propositadamente. Quando temos um incidente e um ataque em um sistema, é muito comum o hacker realizar ações para apagar o log de auditoria. O objetivo é justamente eliminar os traços e as evidências do ataque e consequente o vazamento de dados ocorridos.

2.2.4 AUDITORIA

O serviço de auditoria consiste em validar se um determinado sistema segue o que foi definido no procedimento de segurança, ou seja, o processo de auditoria verifica a conformidade e aponta tudo que não está de acordo com a política de segurança. Existem vários níveis de auditoria e como aplicá-la a diversos tipos de sistemas. O processo de auditar normalmente acaba fazendo uso de ferramentas que permitem analisar registros, como logs de transações. É muito importante proteger esses registros com controles de integridade, como hashes e assinaturas digitais.

Normalmente, o processo de auditar o nível de segurança de um sistema envolve atividades manuais ou a ajuda de ferramentas que permitem inferir o nível de segurança de processos e aplicações. A auditoria manual inclui não apenas os sistemas, mas também o elo mais fraco da segurança da informação: as pessoas. Em uma auditoria, é comum entrevistarmos pessoas que trabalham no processo, realizar testes com ferramentas para encontrar vulnerabilidades (muito comum em sistemas operacionais e sistemas), revisar os controles de acesso, quem pode acessar determinada aplicação e com que nível de acesso, e analisar, inclusive, aspectos como segurança física. Hoje em dia nos preocupamos tanto com a segurança dos dados, mas será que a sala onde se encontram os servidores em uma data center está devidamente controlada e protegida? Esses são alguns pontos muito importantes que um auditor não pode esquecer de controlar.

Nos últimos anos, grandes fabricantes se uniram para tentar criar padrões de logs de auditoria. A ideia é que os dispositivos possam gerar um log mais padronizado, que facilite a sua interpretação e o envio à uma plataforma centralizada de análise de logs, como um SIEM. Nesse SIEM é possível criar casos de uso específico que identificam quando uma determinada ação fora da política de segurança está sendo executada, podendo, inclusive, tomar algumas ações automáticas, como avisar o administrador sobre a ferramenta através de notificações.

VOCÊ SABE O QUE É E COMO FUNCIONA UM SIEM?

A sigla SIEM vem do inglês "Security Information and Event Management", ou seja, uma ferramenta capaz de analisar e gerenciar eventos de segurança. Tecnologias de SIEM podem ser usadas para detectar ameaças, para verificação do cumprimento de políticas de segurança, para gestão e caça de incidentes de segurança e para análise histórica de eventos de segurança dentro de um contexto específico. O SIEM permite coletar dados via um protocolo chamado SYSLOG, que vai desde sistemas de antivírus, firewalls, proxies, até diversas tecnologias de segurança. Além da tremenda capacidade do SIEM para recursos de relatórios e auditoria, ele pode ser utilizado para tomar uma resposta automática a respeito de um incidente. Um exemplo que podemos aplicar em uma rede de sensores com IoT: se em um sensor se percebe um acesso não autorizado vindo pela rede, quando o SIEM o detectar, ele pode automaticamente cortar o acesso, impondo uma regra de bloqueio no dispositivo de controle de acesso, normalmente um firewall.

2.3 PRINCIPAIS RISCOS RELACIONADOS A IOT

Existem vários tipos e modelos de dispositivos IoT. Se considerarmos a questão da mobilidade e o tamanho dos dispositivos, devemos ter alguns riscos incorporados a eles, podemos destacar:

2.3.1. DISPOSITIVOS NÃO ACESSÍVEIS E CONECTADOS DURANTE POUCO ESPAÇO DE TEMPO

Existem vários tipos de dispositivos IoT que não estão conectados durante todo o tempo. Isso pode representar, por um lado, um benefício contra uma ameaça externa, porém, traz uma fragilidade muito grande. Estes dispositivos, por serem pouco acessíveis, possuem sistemas de controle de acesso muito frágeis, deixando muitas vezes uma senha de acesso padrão, ou com muitos backdoors, ou seja, métodos de acessar o sistema com uma senha padrão ou mesmo sem nenhuma senha. Normalmente, quando tratamos destes dispositivos, estamos falando dos mais antigos, que, inclusive pela baixa capacidade de processamento, acabam dificultando o uso da criptografia para proteger o canal de comunicação, o que ainda traz um risco relacionado à privacidade dos dados trocados com o dispositivo.

Estes dispositivos, quando acessados diretamente de uma rede corporativa, apresentam métodos muito falhos e ineficientes de controle de acesso.

2.3.2. DISPOSITIVOS PODEM SER ROUBADOS OU PERDIDOS

Devemos lembrar que uma boa parte dos dispositivos IoT são muito pequenos e portáteis, isso implica na vulnerabilidade de serem roubados ou perdidos.

Um dispositivo roubado pode expor facilmente a rede a qual se encontra conectado, disponibilizando informações essenciais, como senhas de rede, ou mesmo informações de endereçamento e topologia (dados de gateways de rede).

Muitas vezes é mais fácil fazer a engenharia reversa de um dispositivo roubado e obter as informações necessárias.

2.3.3. DIFÍCIL MANTER A SEGURANÇA DESCONECTADO

Um dispositivo IoT que esteja desconectado está sem gerenciamento ou controle, o que torna difícil evitar que seja comprometido. Embora muitos pensem que ter um dispositivo desconectado pode estabelecer princípios como segurança por obscuridade, um dispositivo não conectado é um dispositivo que não se conhece. Porém, novos problemas podem aparecer, como nenhum controle, se ele foi ou não acessado irregularmente, ou se algum tipo de código malicioso foi instalado no dispositivo.

2.3.4. DISPOSITIVOS NÃO SÃO MOTORES CRIPTOGRÁFICOS

Não existe muita capacidade de processamento nestes dispositivos. Em parte deles, a comunicação que é realizada através da internet não incorpora nenhum dispositivo adicional de proteção quanto à criptografia das mensagens trocadas, ou seja, a comunicação entre o dispositivo IoT e a internet não ocorre em um canal seguro.

2.3.5. CREDENCIAIS ETERNAS

Este é um problema muito sério. Muitos dispositivos IoT foram construídos com senhas definidas que não podem ser trocadas ou substituídas, isso impõe um risco muito grande. A partir do momento que essas senhas não podem ser substituídas, elas podem ser livremente utilizadas, uma vez que muitas podem ser encontradas livremente na internet.

2.3.6. DISPOSITIVOS DE VIDA CURTA

Muitos dispositivos IoT têm o que chamamos de vida curta, ou seja, não são alimentados por uma fonte de energia externa, e sua vida útil é a vida da bateria. Muitos deles, quando tem sua bateria esgotada, são simplesmente descartados.

Esses dispositivos descartados podem representar um risco, uma vez que dados confidenciais podem estar armazenados neles. Na Figura 2.6 podemos observar alguns dos dispositivos de IoT com o baixo nível de bateria que precisam ser descartados.

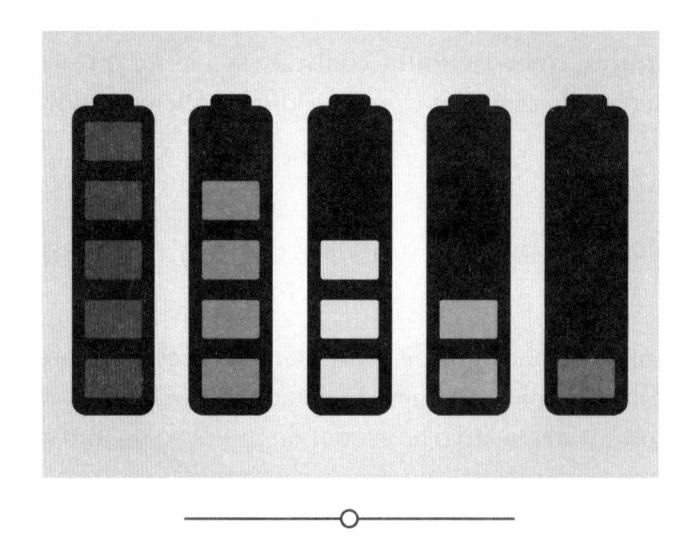

FIGURA 2.6. Nível de bateria
Fonte: Pixabay

2.3.7 DISPOSITIVOS COM TAGS RFID

Os TAGs RFID são utilizados há muitos anos sem incorporar, muitas vezes, nenhum recurso de criptografia, e podem ser facilmente forjados e copiados, apresentando um risco desnecessário.

Na Figura 2.7 podemos observar um TAG RFID.

FIGURA 2.7. TAG RFID com sensor
Fonte: Pixabay

2.3.8. NÃO EXISTE PERÍMETRO

Quando falamos do uso de dispositivos IoT, devemos considerar que uma boa parte deles é composta de dispositivos móveis. Esses, por sua vez, podem estar conectados através uma conexão de dados 4G, ou mesmo redes Wi-Fi distintas, dessa maneira, fica complicado estabelecer um perímetro de rede para controlar. Além disso, muitos dispositivos se conectam diretamente à Cloud.

Quando existe um perímetro, existe um firewall que acaba funcionando como um dispositivo de controle de acesso à internet. Toda comunicação necessita passar por ele, como observamos na Figura 2.8.

FIGURA 2.8. Perímetro de rede com um firewall
Fonte: Pixabay

É bem complicado, pensando em arquitetura de segurança, garantir um controle de acesso a estes dispositivos que não seja implementado localmente. Eles são restritos em termos de capacidade criptográfica, o que nos restringe também de criar VPNs – Virtual Private Network, na sigla em inglês, para limitar e controlar o tráfego através dos dispositivos.

2.3.9. DISPOSITIVOS SEM ATUALIZAÇÃO

Muitos destes dispositivos não passam por atualização durante toda a sua vida útil, ou seja, criam vulnerabilidades no sistema operacional, no seu gerenciamento web, nos protocolos de comunicação, acabam sendo possíveis de serem exploradas. Muitos fabricantes simplesmente não geram atualizações com receio de quebrar alguma funcionalidade.

Dispositivos não atualizados estão sujeitos a ataques, como Buffer Overflow, que exploram suas vulnerabilidades e permitem seu acesso.

2.3.10. ATAQUES DE NEGAÇÃO DE SERVIÇOS DDOS

Como já foi comentado, muitos destes dispositivos fazem uso de senhas em texto claro, e podem ser facilmente comprometidos. Há alguns anos, grupos de hackers se deram conta dessas vulnerabilidades e começaram a comprometer milhões de dispositivos IoT pelo mundo para a realização de ataques de negação de serviços distribuídos.

Os maiores ataques que faziam o uso destes dispositivos foram reportados em 2017 e 2018.

2.3.11. ATAQUES EM PORTAS DE COMUNICAÇÃO

Muitos dispositivos vêm intrinsecamente com portas de comunicação abertas desnecessariamente. Isso representa um risco muito grande, podendo ser um caminho de entrada e exploração de vulnerabilidades. O que se observa, na grande maioria dos dispositivos, é que falta um processo que os americanos chamam de *hardening*. Mas o que é esse processo?

Nada mais é do que fechar as portas e serviços desnecessários para evitar que sejam utilizados para explorar vulnerabilidades.

RECAPITULANDO

Neste capítulo, apresentamos conceitos relacionados à segurança da informação, conceitos estes relacionados à confidencialidade, integridade e autenticação. Adicionalmente, agregamos conceitos de criptografia simétrica, assimétrica, e algoritmos de hashing; concluindo com os principais riscos incorporados quando se utiliza a tecnologia IoT.

Para praticar

1. Descreva o CIA triad?
2. Por que dizemos que a criptografia é uma das ferramentas mais poderosas de segurança da informação?
3. Um risco pode ser completamente eliminado?
4. O que é a ISO 27.001?
5. Apresente dois riscos de segurança existente em dispositivos IoT.
6. Como podemos garantir a disponibilidade de um sistema, e qual a sua importância?
7. Dê um exemplo da técnica de não repúdio.
8. O que é o princípio de "Need to Know"?
9. Qual o maior risco associado a IoT em ambientes de missão crítica?
10. Quando uma vulnerabilidade se torna uma ameaça?

Respostas

1. É a base da segurança da informação e define os princípios de integridade, confidencialidade e auditoria presentes em qualquer sistema seguro.

2. Porque ela garante a implementação de vários serviços de segurança de uma única vez, com confidencialidade, integridade, não repúdio e controle de acesso.

3. Não existe como eliminar completamente um risco. Os seus efeitos podem ser eliminados investindo-se em uma contra medida, mas sempre vai existir a figura do risco.

4. É uma norma de segurança da informação criada pela ISO para definir processos e procedimentos seguros que possam garantir um nível básico de segurança a um processo.

5. Descarte de dispositivos: o descarte traz um risco porque os dispositivos podem ter senhas ou chaves armazenadas em suas unidades de armazenamento. Ataques de negação de serviços: por esses dispositivos serem frágeis, no que diz respeito à segurança, podem ser utilizados para iniciar ou fazer parte de um ataque de negação de serviços.

6. Usando redundância, ou seja, sistemas de backup que podem ser acionados, caso o sistema principal falhe.

7. O uso de câmeras em caixas eletrônicos.

8. Funcionários devem apenas conhecer as informações mínimas para a execução de suas atividades diárias.

9. O maior risco é que as falhas de segurança permitam que um cibercriminoso acesse o sistema de missão crítica e o torne inoperante. Por exemplo, desligar a força de uma usina de energia.

10. Quando a vulnerabilidade se torna conhecida, antes disso ela segue o princípio da segurança por obscuridade, ou seja, se não se sabe que estou vulnerável a algo, posso me considerar seguro.

CAPÍTULO 3

SISTEMAS CRIPTOGRÁFICOS E SEUS USOS NA IOT

Este capítulo tem como objetivo apresentar as principais tecnologias de criptografia simétrica, assimétrica e de curvas elípticas aplicadas a dispositivos IoT. Os fundamentos de criptografia são apresentados detalhadamente, facilitando a sua aplicação em projetos de IoT.

3.1 HISTÓRIA DA CRIPTOGRAFIA

A criptografia é uma ciência milenar, os primeiros relatos de seu uso datam da época dos faraós do Egito Antigo. Quando começaram as grandes explorações arqueológicas no século XIX, foram encontrados escritos em papiros e inscrições em tumbas egípcias com uma linguagem bem distinta e incompreensível se comparada aos hieróglifos, linguagem de símbolos utilizada no Egito Antigo.

Era muito comum encontrar inscrições em tumbas de faraós completamente ilegíveis, o que demonstrava o uso de uma escrita não compreensiva. Essas inscrições estavam, na verdade, encriptadas, ou seja, eram fruto da aplicação da criptografia.

A criptografia é uma ciência matemática que vem sendo utilizada há milênios pelos homens como um método para proteger a informação. Um livro publicado no século XV, conhecido como Tratado de Trithemius, relatou um dos primeiros casos conhecidos da aplicação da criptografia: o código de Júlio César.

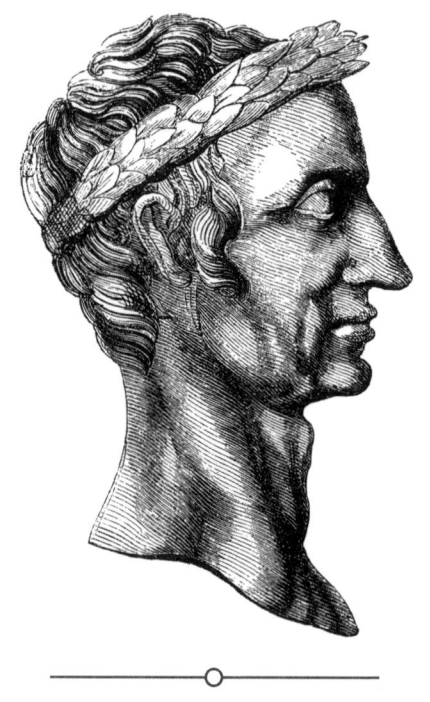

FIGURA 3.1. Imperador Júlio César.
Fonte: Pixabay

O princípio de manutenção do Império Romano era sua expansão baseada em guerras com outros povos. Essas guerras geravam enormes fluxos de inimigos que eram escravizados e comercializados, criando uma fonte de recursos ao Império Romano. Nessa época, quaisquer trocas de mensagens entre os generais eram realizadas através do uso de mensageiros. O mensageiro normalmente utilizava um cavalo rápido e levava a mensagem escrita em um papiro à frente de batalha.

O envio de um mensageiro sempre trazia algum tipo de risco, uma vez que ele poderia ser capturado durante o caminho e o conteúdo da mensagem ser divulgado. Dessa maneira, conta a lenda que Júlio César já conhecia relatos do uso da criptografia no Egito Antigo e criou um método de criptografia muito simples e arcaico, conhecido como Júlio César Cypher. Esse método consistia em criar um código baseado no deslocamento de casas dentro do alfabeto romano para codificar, e do processo inverso para decodificar.

Apenas como exemplo, considerando o alfabeto romano usado na língua portuguesa:

ABCDEFGHIJKLMNOPQRSTUVXWYZ, a criptografia de Júlio César consistia em deslocar três casas para a direita, fazendo uma relação direta entre as letras, desta maneira temos:

A -> D	F -> I	K -> N	P -> S	U -> W	Z -> C
B -> E	G -> J	L -> O	Q -> T	V -> Y	
C -> F	H -> K	M -> P	R -> U	X -> Z	
D -> G	I -> L	N -> Q	S -> V	W -> A	
E -> H	J -> M	O -> R	T -> X	Y -> B	

Assim sendo, o processo de encriptação consistia em substituir as letras da palavra. Por exemplo, a palavra ATACAR, fazendo a substituição ficaria **DXDFDU**. O processo de decodificação simplesmente realizava a operação inversa.

Podemos dizer que, no caso do Júlio César Cypher, o método de substituição era o algoritmo criptográfico, e a chave de criptografia a quantidade de casas que precisavam ser deslocadas.

O texto gerado era, portanto, incompreensível, caso o exército inimigo tivesse acesso às mensagens codificadas. Esse método relativamente simples foi extremamente eficaz por quase 200 anos. Um dos pontos que dificultava a sua decodificação era que, nessa época, poucas pessoas sabiam ler.

Sempre existiu uma relação muito forte entre a criptografia e a área militar, tanto que até hoje todos os grandes exércitos do mundo possuem uma divisão de códigos que tem como objetivo criar algoritmos e protocolos criptográficos para o uso nas comunicações militares.

Um outro relato muito conhecido do uso da criptografia na história militar foi durante a Guerra Civil Americana. O confronto que levou à morte milhares de americanos entre os estados do Norte e do Sul também fez uso da criptografia para a troca segura de mensagens. Durante esse confronto, foi utilizada a Roda Criptográfica de Thomas Jefferson. Esse método foi inventado em 1795 e consiste em um conjunto com 36 discos adicionados a um eixo central, cada disco possuía as 26 letras do alfabeto romano, porém, completamente fora da sequência, e cada disco possuía uma sequência única.

FIGURA 3.2. Thomas Jefferson.
Fonte: Pixabay

Para codificar mensagens bastava girar a roda até a letra que se desejava codificar, e olhar no outro lado do disco qual a letra correspondente. Existia uma marcação que permitia ler a letra que se encontrava justamente na posição oposta do disco. Esse processo de criptografia exigia que o receptor da mensagem possuísse uma outra roda criptográfica utilizada para ler a mensagem, girando cada uma das letras na posição recebida e observando do outro lado qual seria a letra correspondente.

Sem essa roda criptográfica era praticamente impossível ler a mensagem original. Era necessário também saber a sequência com que os 36 discos haviam sido empilhados. Existiam, assim, possíveis 371.993.3 26.789.901.217.467.999.448.150.835.200.000.000 maneiras distintas de empilhá-los. Esse sistema era, portanto, extremamente robusto e foi usado durante o conflito.

Um dos casos mais recentes do uso da criptografia em guerras foi a famosa máquina Enigma, usada pelos alemães na Segunda Guerra Mundial.

A Enigma era muito parecida com uma máquina de escrever, porém, quando se digitava, uma de suas teclas acendia uma lâmpada em um painel acima com uma letra correspondente. A sequência não era previsível, uma vez que existia um processo mecânico baseado em rotores que fazia com que a lâmpada que acendia em uma determinada letra fosse quase que completamente aleatória. O grande segredo era conhecer exatamente a posição inicial dos rotores.

A única maneira do receptor ter acesso à mensagem original era possuir uma máquina Enigma com os rotores devidamente pré-configurados da mesma maneira utilizada para o envio da mensagem original. Essas máquinas foram utilizadas massivamente na Segunda Guerra Mundial, fazendo com que a Alemanha Nazista tivesse um processo extremamente seguro de troca de mensagens. As temíveis máquinas de guerra, os submarinos U-boats da Alemanha, trocavam mensagens encriptadas fazendo o uso de máquinas Enigma. Podemos observar esse submarino na Figura 3.3.

A Alemanha, dessa maneira, possuía um sistema extremamente seguro e praticamente indestrutível. Até que, alguns anos após o início da guerra, um matemático inglês, que é o pai da computação que conhecemos hoje, chamado Alan Turing, criou uma espécie de computador arcaico que foi utilizado para quebrar a Enigma. Esse trabalho, realizado no centro de códigos de guerra na Inglaterra, foi capaz de mudar o curso da Segunda Guerra Mundial, uma vez que os alemães desconheciam que os ingleses eram capazes de decodificar suas mensagens. Portanto, seguiam enviando-as codificadas com a Enigma e dando toda a informação estratégica necessária para que os Aliados ganhassem a guerra.

FIGURA 3.3. Submarino Alemão U-Boat usado na Segunda Guerra Mundial.
Fonte: Pixabay

Algumas máquinas Enigma também foram capturadas pelos ingleses no curso da guerra, o que auxiliou nos estudos de Alan Turing e na quebra do código.

3.2 ELEMENTOS DE UM SISTEMA CRIPTOGRÁFICO

Os elementos básicos de um sistema criptográfico são:

- **Texto claro:** é o texto onde a informação encontra-se clara, sem, portanto, ter passado por nenhum processo criptográfico. Qualquer pessoa, sem utilizar nenhum método, tem acesso à informação simplesmente abrindo o texto.

- **Texto cifrado:** o texto cifrado é resultante de um processo matemático. É, portanto, um texto que foi processado de modo a tornar-se incompreensível a quem o acessa.

- **Chave criptográfica:** é um elemento único e necessário para desempenhar tanto o processo de encriptação, como o de decriptação. Sem o conhecimento da chave, esses processamentos não são possíveis.

- **Algoritmo criptográfico:** é uma função matemática utilizada no processo de encriptação e de decriptação. Este algoritmo deve ser utilizado em conjunto com a chave criptográfica.

- **Processo de encriptação:** é o processo de transformar um texto claro em um texto cifrado, baseando-se no uso de um algoritmo criptográfico e de uma chave de criptografia.

- **Processo de decriptação:** é o processo de transformar um texto cifrado em um texto claro, fazendo uso de um algoritmo criptográfico e uma chave.

A criptografia pode ser utilizada para vários fins, como manter a confidencialidade de um determinado texto, uma vez que apenas usuários com conhecimento ou posse da chave criptográfica conseguem abri-lo. Isso garante que apenas pessoas autorizadas tenham acesso à informação.

Partindo do pressuposto que a chave é secreta, também podemos assegurar que a mensagem enviada é autêntica. Fazendo uso da assinatura digital, que iremos detalhar mais adiante, pode-se realizar um controle de integridade e garantir que uma mensagem não tenha sido alterada durante o caminho.

A criptografia pode ainda ser utilizada como técnica de não repúdio, ou seja, se uma mensagem está criptografada ou assinada digitalmente, quem enviou não pode repudiar ou negar que a tenha enviado.

3.3 TIPOS DE CRIPTOGRAFIA

Existem dois tipos de criptografia: a criptografia simétrica e a assimétrica. Vamos detalhá-las a seguir.

- **Criptografia simétrica:** é a criptografia que faz uso de uma mesma chave criptográfica para encriptar e para descriptografar o texto. Assim sendo, existe uma simetria no processo, onde tanto quem enviou a mensagem, como quem recebeu, precisa estar de posse da mesma chave criptográfica. Esses sistemas são chamados de sistemas de chave secreta.

- **Criptografia assimétrica:** já na criptografia assimétrica ocorre um processo matematicamente muito mais complexo, onde existe um conjunto de chaves criptográficas. Uma chave é utilizada para realizar o processo de encriptação e a outra utilizada para descriptografar. Esses sistemas são também chamados de sistemas de chave pública.

3.4. SEGURANÇA DA CRIPTOGRAFIA

Os algoritmos criptográficos são muito seguros, uma vez que realizam uma função computacional difícil de resolver. Para que um algoritmo seja seguro, deve ser matematicamente impossível quebrar a criptografia, descobrindo a chave com um sistema computacional de grande capacidade. A questão é o tempo para quebrar o sistema criptográfico.

Mesmo com supercomputadores, os sistemas que utilizamos atualmente podem levar milhares de anos para serem quebrados, o que torna o sistema bem seguro.

A criptoanálise é a ciência que estuda como quebrar sistemas criptográficos. Quando se tem acesso ao texto claro e ao texto cifrado, mesmo utilizando técnicas mais inteligentes que a força bruta, ou seja, testar todas as combinações de chaves, o tempo e os recursos computacionais disponíveis em larga escala atualmente não seriam suficientes.

A computação quântica deve, no futuro, alterar muito substancialmente este cenário, uma vez que os computadores quânticos trabalham com fótons e não com elétrons, e são capazes de processar a uma velocidade milhares de vezes maior que um computador tradicional baseado no processamento em pastilhas de silício (eletrônicos). Mas, para atender a essa demanda, já existem algoritmos de criptografia quântica que futuramente, quando a computação quântica se popularizar, deverão ser utilizados para este fim.

A IMPORTÂNCIA DO TAMANHO DA CHAVE CRIPTOGRÁFICA

Para analisarmos a segurança de um sistema criptográfico existe uma relação direta entre a dificuldade computacional do algoritmo e a quantidade de bits da chave criptográfica. Quando falamos principalmente de sistemas de alto desempenho, normalmente fazemos uso de um sistema de criptografia baseado em chaves simétricas, em particular porque esse sistema acaba necessitando de uma capacidade de processamento e de ciclos de CPU menores.

O tamanho da chave criptográfica está relacionado, nesses sistemas, ao universo de possíveis chaves. Os sistemas que tentam quebrar a criptografia por força bruta testam todas as chaves de criptografia possíveis. Dessa maneira, devemos trabalhar com chaves grandes o suficiente para dificultar esse processo.

Na maioria dos sistemas simétricos, chaves acima de 128 bits são consideradas seguras. Quando a criptografia simétrica começou a ser mais popularizada nos anos 1990, os sistemas usavam chaves menores como de 40 bits ou 56 bits. Esses sistemas eram passíveis de serem quebrados, e durante muitos anos existia uma lei que limitava a exportação de sistemas de criptografia de chave forte desde o território americano.

Isso obrigava que muitos bancos que precisassem utilizar criptografia de chave forte, ou seja, acima de 56 bits, desenvolvessem seus próprios módulos criptográficos ou comprassem através de uma empresa europeia que não estivesse sob essas regras e restrições.

3.5 CRIPTOGRAFIA SIMÉTRICA

Embora a computação tenha evoluído muito nos últimos 30 anos, ainda continuamos utilizando algoritmos criptográficos criados, na sua grande maioria, no final dos anos 1970.

Para começarmos a detalhar a criptografia simétrica, que é a criptografia que faz uso da mesma chave para encriptar e para decriptar, nada melhor do que detalharmos o DES (Data Encryption Standard).

3.5.1 DES

Este algoritmo foi criado em 1971 pela maior empresa de computação da época, a IBM. O algoritmo inicial se chamava Lúcifer e operava usando uma cifra de blocos de 64 bits, com uma chave de 128 bits. A IBM, porém, para deixar o algoritmo mais eficiente para o uso em mainframes, reduziu a chave inicial para 56 bits de modo que fosse possível incorporá-lo a um chip desenvolvido para este fim.

O projeto deu tão certo que em 1977 a Agência de Segurança Americana, a NSA (National Security Agency) adotou o algoritmo como um padrão de criptografia.

O processo de encriptação consiste de múltiplas operações binárias de permutações dos blocos, resultando, no final, em um texto cifrado que pode ser enviado por um canal seguro. Os blocos de 64 bits passam por essa permutação utilizando a chave de 56 bits, gerando um bloco de saída já encriptado, o que facilita a serialização e a implementação por chip.

As duas entradas são, portanto, o texto claro, e a chave e o resultado são o texto cifrado após o processamento de todos os blocos. Todo o processo pode ser sintetizado em três fases.

Na primeira fase, o texto claro de 64 bits passa por uma permutação inicial que rearranja os bits para produzir as entradas que serão permutadas. Na fase seguinte, a mesma função é executada 16 vezes e envolve tanto funções de permutação de bits como de substituição. Na última fase ocorre uma permutação final, que gera os 64 bits correspondentes ao texto cifrado.

Embora o DES seja relativamente simples de implementar e não requeira um hardware com grande capacidade, ele, por outro lado, demonstrou suas fraquezas. Em 1998 foi comprovado que o DES não era mais seguro. Em uma demonstração realizada pela Eletronics Frontier Foundation, o DES foi quebrado em menos de três dias.

Portanto, hoje em dia este algoritmo tornou-se ineficiente para cumprir o seu papel de proteger a informação.

3DES

O 3DES foi criado em 1977, e a ideia foi de aumentar a segurança do DES aplicando as mesmas três fases, com três diferentes chaves de 56 bits, fazendo com que as chaves criptográficas possam ser de 168 bits ou de 112 bits, se repetirmos uma das chaves, o que é mais comum. O maior problema para o uso do 3DES é a lentidão, uma vez que a cifra fica muito ineficiente. Mesmo assim, o 3DES acabou sendo um padrão muito utilizado até praticamente os dias de hoje. Foi a maneira de dar uma sobrevida ao DES, simplesmente aplicando as mesmas três fases.

O 3DES vem aos poucos sendo substituído por outro algoritmo, conhecido como AES.

3.5.2 AES

O AES é um algoritmo baseado em uma cifra em blocos que foi escolhido pelo governo dos Estados Unidos para proteger informações classificadas e que podia ser implementado tanto em hardware quanto em software. O NIST (National Institute of Standards and Technology) começou a trabalhar intensamente no projeto do AES quando o DES foi publicamente quebrado e se demonstrou vulnerável a ataques de força bruta.

A ideia era criar um algoritmo que fosse muito seguro e capaz de proteger os dados sensíveis do governo dos Estados Unidos pelas próximas décadas. Para isso foi criado um concurso e um desafio entre os criptologistas da época para a criação do novo algoritmo.

O novo algoritmo deveria ter um código aberto, e fazia parte dos requisitos de uma cifra de blocos capaz de processar blocos de 128 bits, usando chaves de 128, 192 e 256 bits. Alguns critérios que foram adicionados estavam relacionados tanto ao nível de segurança quanto ao algoritmo ser resistente a um ataque e um fator de competição.

Outra condição importante era que o algoritmo escolhido fosse sem custo (royalties) pelo uso, e que tivesse um baixo consumo computacional e de memória.

Participaram do concurso quinze algoritmos distintos, e cinco foram classificados para a final. Foram eles:

- **MARS:** criado pelo time de pesquisa e desenvolvimento da IBM;
- **RC6:** criando pela equipe da empresa RSA Security;
- **Rijndael:** algoritmo desenvolvido por dois criptógrafos belgas, Joan Daemen e Vicent Rijmen;

- **Serpent:** algoritmo criado por Ross Anderson, Lars Knudsen e Eli Biham;

- **TwoFish:** criado por um grande grupo de pesquisadores, incluindo o famoso criptógrafo Bruce Schneier.

Todos os algoritmos foram implementados em linguagem C e Java, e tinham como requisito básico a rapidez de encriptação e decriptação, resistência a ataques criptográficos, fácil geração de chaves e a capacidade de fácil implementação por software ou hardware.

Após várias análises dos códigos apresentados, o vencedor foi o algoritmo Rijndael, sendo publicado já com o nome de AES em outubro de 2000. Esse algoritmo foi oficialmente certificado e começou a ser utilizado pelo governo dos Estados Unidos em 2002, e também recebeu uma padronização do maior organismo de padronização do mundo, a ISO (International Standard Organization).

Por ser um algoritmo aberto, o AES se tornou não apenas o algoritmo recomendado para o governo dos Estados Unidos, como também um sucessor para o 3DES na iniciativa privada, uma vez que é mais seguro e utiliza chaves de criptografia maiores. Além disso, apresenta uma performance superior ao 3DES, tornando-o ideal para o uso nos protocolos de troca de mensagens seguras na internet, como o SSL (Security Socket Layer), utilizado na comunicação segura dos navegadores na internet baseados no HTTPS.

COMO O AES TRABALHA

Basicamente o AES pode trabalhar com três cifras de blocos, o AES-128, o AES-192 e o AES-256. Cada uma das cifras encripta e decripta blocos de 128, 192 ou 256 bits respectivamente. O algoritmo inicial ainda permite incorporar outros blocos de diferentes tamanhos e chaves, mas essa capacidade acabou não sendo incorporada no algoritmo final.

O processo de encriptação de blocos do AES faz uso da mesma chave simétrica para encriptar e decriptar. Assim sendo, segue a necessidade de existir um canal seguro para trocar a chave secreta, que discutiremos mais adiante neste capítulo, quando estudarmos a criptografia assimétrica. O processo criptográfico possui 10 etapas quando se utiliza chaves de 128 bits, 12 etapas com chaves de 192 bits e 14 etapas com chaves de 256 bits. Cada uma das etapas consiste em realizar o processamento de substituição, transposição do texto claro para transformá-lo no texto cifrado, sempre utilizando funções matemáticas do algoritmo.

A primeira etapa é colocar os dados para serem armazenados em um vetor, em seguida, esses dados sofrem múltiplas transformações de acordo com a quantidade de etapas, ou seja, 10 para chaves de 128 bits, 12 para chaves de 192 bits e 14 para chaves de 256 bits.

A primeira transformação no algoritmo AES é a substituição dos dados em uma tabela, em seguida os dados são deslocados nas linhas e depois em colunas. A última transformação é realizar uma operação conhecida como XOR ou OU Exclusivo, onde em cada coluna, usando uma parte diferente da chave de encriptação, é realizada a operação. Dessa maneira, chaves maiores exigem maior quantidade de vezes de processamento.

O processo de encriptação do AES exige, portanto, que os dados sejam colocados em um vetor, deslocados e substituídos após operação matemática com a chave criptográfica.

ATAQUES AO AES

Várias tentativas de ataques à cifra do AES continuam sendo publicadas. Podemos destacar técnicas mais inteligentes do que a força bruta para tentar obter a chave criptográfica. Essas técnicas normalmente utilizam como base o conhecimento do texto claro e do texto cifrado gerado pelo algoritmo, restando, desta maneira, descobrir a chave criptográfica.

Todas as publicações ainda não conseguiram provar um método eficiente para quebrar o AES, sendo que os métodos que se demonstraram capazes demandariam um tempo e uma capacidade computacional que os tornariam ineficazes.

Esses algoritmos são extremamente seguros, mas não 100%. A computação quântica que trabalha com processamento baseado em fótons em vez de elétrons pode mudar este cenário no futuro. Um computador quântico pode ser milhares de vezes mais potente, em termos de processamento, do que um computador tradicional.

Hoje ainda não existem computadores quânticos para uso comercial, apenas grandes centros de pesquisas, tanto públicos quanto privados, possuem essas máquinas. Existem grandes desafios para tornar possível o desenvolvimento desses computadores para fins comerciais, principalmente devido às baixas temperaturas necessárias para que operem, alguns necessitam estar a zero Kelvin ou -273,15°C para operar.

A resposta aos computadores quânticos são os algoritmos de criptografia quântica. Esses algoritmos permitem criar cifras extremamente seguras, que mesmo com um computador quântico levaria milhares de anos para serem quebradas. Mas chegamos no mesmo dilema: para usarmos criptografia quântica é necessário que as pontas da criptografia trabalhem também com computadores quânticos.

3.5.3 OUTROS ALGORITMOS SIMÉTRICOS

Existe mais uma dezena de algoritmos simétricos, todos eles criados nos anos 1970. Entre eles podemos destacar os algoritmos criados pela empresa RSA:

- **RC2** – É um algoritmo de cifra simétrica criado em 1987 pela RSA. Ele faz uso de uma cifra de blocos simétrica com uma chave criptográfica de 128 bits e blocos de 8 bytes. Esse algoritmo foi usado largamente por agências federais americanas de forma restrita e secreta, sendo que se tornou público apenas no ano de 1996;

- **RC4** – É um algoritmo usado para cifras simétricas, conhecido pela velocidade e simplicidade na implementação. Trabalha com uma chave criptográfica secreta de 2048 bits, foi criado em 1987 pela RSA e revelado em 1994. Este algoritmo é um dos mais populares devido ao seu uso intensivo como protocolo seguro para navegação na internet, no TLS (Tranport Layer Secure), ou nos sistemas antigos de proteção de redes sem fio como o WEP;

- **Blowfish** – Este algoritmo foi criado em 1993 por Bruce Schneier, famoso criptologista Americano. O Blowfish usa uma cifra simétrica, com bloco de 64 bis e chaves de 32 bits a 448 bits. É muito usado em uma série de produtos que fazem uso da criptografia e possui uma grande resistência à quebra.

3.6 CRIPTOGRAFIA ASSIMÉTRICA

A criptografia assimétrica tem como característica o uso de um par de chaves criptográficas, portanto, existe uma chave utilizada para encriptar o texto e uma segunda chave utilizada para decriptar.

O primeiro algoritmo criptográfico assimétrico criado foi o Diffie-Hellman. Esse algoritmo foi criado em 1976 e tinha como principal objetivo ser um algoritmo de troca de chaves criptográficas, ou seja, o Diffie-Hellman criou o conceito amplamente utilizado de algoritmos de chave pública, utilizado em massa na internet nos dias atuais.

Quando usamos um algoritmo simétrico, sempre temos um desafio muito grande que é o de garantir que a chave secreta seja trocada de forma segura entre as duas pontas da criptografia. Devemos lembrar que toda a segurança do sistema criptográfico está em manter a chave secreta. Caso a chave seja divulgada, acaba toda a segurança da criptografia.

Desta maneira, devemos utilizar criptografia assimétrica como um método seguro para fazer a troca da chave de criptografia secreta entre as duas pontas. Antes do uso de um algoritmo de troca de chaves era necessário o uso de um canal seguro para a transmissão da chave criptográfica, ou seja, não podia ser enviada pela internet.

Uma das características de um algoritmo assimétrico é sua baixa eficiência computacional. Um algoritmo assimétrico pode ser até 1000 vezes mais lento que um algoritmo simétrico, desta maneira, usamos a criptografia assimétrica para usos específicos. São eles:

- Assinaturas digitais;
- Trocas de chaves criptográficas.

3.6.1 DIFFIE-HELLMAN

Como já comentamos, o Diffie-Hellman foi uma das primeiras implementações de sistemas de trocas de chaves criptográficas. Este é um ponto muito importante, porque não se usa o Diffie-Hellman para trocar mensagens encriptadas, ele é usado para uso exclusivo de chaves criptográficas.

O algoritmo faz uso de criptografia de curvas elípticas, que é o método no qual a chave pública é baseada em uma função matemática de uma curva elíptica.

1. A primeira ponta na criptografia escolhe dois números primos grandes g e p e os envia para a outra ponta;
2. Quem recebe os números escolhe um terceiro número primo, que podemos chamar de a, calcula ga *mod* p e envia de volta à origem, ou seja, o resultado não é enviado, apenas o módulo;
3. Então, quem envia faz o mesmo: seleciona um número secreto *b* e calcula o resultado similar;
4. Esse resultado é enviado para a outra ponta que, quando recebe, calcula o b *mod* p;
5. Quem envia pega o que receber de a e calcula a *mod* p.

(ga *mod* p)b *mod* p = gab *mod* p

(gb *mod* p)a *mod* p = gba *mod* p

Vamos fazer um exemplo, considerando que quem envia é a Alice e quem recebe a mensagem é o Bob.

1. Alice e Bob usam os seguintes números públicos e primos respectivamente P = 23 e G = 5;
2. Alice possui a chave privada a = 4 e Bob b = 3;
3. Alice e Bob agora calculam o valor de x e y, para isso:
4. Alice: x = (54 mod 23) = 4
5. Bob: y = (53 mod 23) = 10
6. Agora ambos, Alice e Bob, trocam o número público entre eles;
7. Alice e Bob agora calculam a chave secreta;
8. Alice: ka = ya mod p = 104 mod 23 = 18
9. Bob: kb = xb mod p = 43 mod 23 = 18
10. 18 é a chave secreta.

VANTAGENS DO DIFFIE-HELLMAN

- Tanto quem envia como quem recebe não precisa ter um conhecimento prévio do outro;
- Uma vez que a chave é trocada, a comunicação de dados criptografados pode ser realizada em um canal inseguro;
- A troca da chave secreta ocorre de forma segura.

DESVANTAGENS DO DIFFIE-HELLMAN

A principal desvantagem do Diffie-Hellman é que todo esse processo está sujeito ao ataque de *man in the middle*, ou seja, alguém interceptar a mensagem e começar a escutar o processo de troca de chaves criptográficas, que não poderá mais ser utilizado para assinatura digital.

A troca de mensagens do Diffie-Hellman comprovou ser muito eficiente na troca de chaves criptográficas, porém, é muito importante que os números gerados para a chave sejam realmente aleatórios e não previsíveis. Já foi comprovado que os geradores de números aleatórios de algumas plataformas, como a Intel, podem ser previsíveis.

Além disso, como não existe um processo de verificar se a ponta é mesmo legítima, voltamos à vulnerabilidade do ataque de *man in the middle*.

3.6.2 ALGORITMO RSA

O RSA foi criado por Ron Rivest, Adi Shamir e Leonard Adleman, em 1977, quando eram estudantes no MIT (Massachusetts Institute of Technology). Mais tarde, os três fundaram a empresa de segurança RSA. É o melhor algoritmo de chave pública conhecido até hoje. Pode ser usado tanto na criptografia de chave pública, como também na criação de assinaturas digitais.

A assinatura digital faz uso das propriedades das chaves da criptografia assimétrica, assim sendo, quando assinamos um texto, realizamos as seguintes operações:

Calculamos o hash de um texto original. Para isso, fazemos uso de um algoritmo de hash, como o HMAC (Hash-based Message Authentication Code), o hash tem as seguintes características:

- Possui tamanho fixo em bits, normalmente 256 bits;
- Cada texto possui um hash único, uma vez que ele é o resultado do processamento matemático de todos os bytes de uma mensagem;
- Um hash não é inversível, ou seja, através do hash não conseguimos chegar no texto original.

Imaginando que Alice possui a chave criptográfica pública Pub A e a chave privada Priv A, ela pode distribuir sua chave pública para qualquer pessoa para qual desejar enviar uma mensagem cifrada, mantendo sua chave privada em segredo.

Alice pode, por sua vez, assinar um texto simplesmente calculando o hash HMAC do texto, em seguida, ela pode encriptar esse hash fazendo uso de sua chave privada. O hash encriptado é o que chamamos de assinatura digital.

Um tema muito importante é que um texto que se encontra assinado digitalmente normalmente não é um texto encriptado. O objetivo da assinatura digital é garantir o serviço de segurança da autenticidade da origem, ou de ponta a ponta, em uma comunicação fim a fim.

Assim sendo, quando Bob recebe a mensagem assinada digitalmente pela Alice, o que ele precisa fazer é simplesmente extrair a assinatura do texto, realizar o processo de decriptação usando a chave pública de Alice, que ele já havia recebido anteriormente, recalcular o hash da mensagem original e comparar com o hash que foi descriptografado da assinatura digital.

Caso os hashes sejam idênticos, conseguimos comprovar duas coisas:

- O texto não foi alterado durante a transmissão, uma vez que o hash calculado é o mesmo;
- A informação foi mesmo assinada pela Alice, uma vez que o hash foi descriptografado com sucesso fazendo uso da chave pública e Alice.

Os sistemas de criptografia de chave pública, entretanto, criaram um novo desafio: o de como garantir a autenticidade da chave pública. Ou seja, alguém que desejar quebrar a segurança do sistema criptográfico pode simplesmente se passar por Alice e enviar a sua chave pública, e não a de Alice para o Bob.

Bob acharia que está se comunicando com Alice, mas, na verdade, estaria se comunicando com um atacante. Para resolver esse proble-

SISTEMAS CRIPTOGRÁFICOS E SEUS USOS NA IOT

ma, criou-se toda uma nova indústria que chamamos de Certificação Digital.

Um certificado digital é um arquivo-texto que se encontra devidamente assinado pela autoridade de certificação e possui dados do usuário, incluindo sua chave pública. Como o certificado é assinado, existe toda uma hierarquia de confiança para ele. Assim sendo, quando Alice envia sua chave pública para Bob, na verdade ela envia o seu certificado digital. O Bob, por sua vez, quando o recebe, consegue verificar se esse certificado é realmente válido, ou seja, se foi devidamente assinado pela autoridade de certificação, e a partir desse momento consegue estabelecer uma comunicação segura.

As autoridades de certificação possuem uma árvore de confiança, onde os seus certificados raiz, que detêm a chave pública da Autoridade, são assinados por autoridades de nível superior nessa árvore. Assim, é possível verificar que trata-se de um certificado válido.

O RSA é um algoritmo seguro porque a chance de se quebrar a chave privada por força bruta com a capacidade computacional que possuímos na atualidade é ínfima. Porém, é muito importante usarmos chaves grandes com mais de 200 bits.

Na Tabela 3.1 temos uma estimativa de tempo para quebrar a criptografia pública RSA de acordo com o tamanho da chave em bits, quando o algoritmo foi criado nos anos 1970:

Quantidade de bits	Tempo
50	3,9 horas
75	104 dias
100	74 anos
200	$3,8 \times 10$ elevado a 9 anos
300	$4,9 \times 10$ elevado a 15 anos
500	$4,2 \times 10$ elevado a 25 anos

TABELA 3.1. Estimativa de quebra do RSA nos anos 1970.

Hoje trabalhamos o RSA com chaves entre 1024 e 2048 bits. Em alguns sistemas, já são recomendadas chaves de 4096 bits, uma vez que uma chave de 300 bits já pode ser quebrada em algumas horas atualmente. Devemos lembrar que o RSA é um dos algoritmos mais lentos e, portanto, acaba sendo utilizado para a troca de chaves e assinatura digital, e não para a encriptação de grandes volumes de dados.

QUAL A RELAÇÃO DE SISTEMAS DE CRIPTOGRAFIA COM MOEDAS ELETRÔNICAS?

As moedas eletrônicas chegaram para revolucionar o mercado de meios de pagamentos. O Bitcoin, a moeda mais conhecida, lançada em 2009, teve uma valorização fantástica nos últimos dez anos e chegou a valer US$ 19.000,00. Toda a segurança para evitar uma fraude, ou mesmo que uma moeda seja gasta múltiplas vezes, é baseada no uso de algoritmos criptográficos assimétricos. Sem eles não seria possível garantir a segurança das moedas e da tecnologia de Blockchain, que são bases de dados distribuídas onde as operações com criptomoedas são registradas e validadas.

3.6.3 ECC – ALGORITMO DE CURVAS ELÍPTICAS

Como o Diffie-Hellman, o ECC também é baseado em curvas elípticas, mas tem como vantagem a eficiência: é muito mais rápido e pode ser utilizado para uso geral, e não apenas para troca de chaves criptográficas como o Diffie-Hellman.

O ECC, para ter o mesmo nível de segurança do AES 128 bits, utiliza uma chave criptográfica de 256 bits, enquanto que o RSA precisa de uma chave de 3072 bits. Como este algoritmo tem uma performance computacional melhor e, portanto, acaba por consumir menos energia, ele é apropriado para o uso em dispositivos móveis, logo, em dispositivos de IoT. Ou seja, em qualquer aplicação onde a segurança de um sistema criptográfico seja necessário, com baixo consumo de energia e capacidade computacional.

Todas as funções de um sistema criptográfico tradicional podem ser realizadas com o ECC, como a criptografia de grandes volumes de dados, a verificação de assinaturas digitais (autenticidade) e a garantia do não repúdio.

Na Tabela 3.2 temos a comparação do tamanho da chave criptográfica correspondente na criptografia simétrica, no ECC e no RSA.

Cripto simétrica	ECC	RSA
56	112	512
80	160	1024
112	224	2048

TABELA 3.2. Comparando o tamanho da chave do ECC e do RSA.

3.7 ALGORITMOS DE HASHING

Os algoritmos de hashing vêm sendo utilizados na computação desde os seus primórdios. Normalmente, para validar que uma informação armazenada ou transmitida não foi alterada ou não houve um erro de comunicação. De um bit de paridade que é incorporado a uma mensagem transmitida até sistemas como CRC de verificação de bytes transmitidos ou armazenados, todos são baseados em hashes.

Apenas revisando o que já comentamos anteriormente, o hash é como uma pegada ou a impressão digital de uma informação transmitida ou armazenada, ou seja, ele vai ter as seguintes propriedades:

- O hash tem um tamanho fixo em bytes, porque ele nada mais é do que o resultado de uma função matemática. O que normalmente ocorre na operação é que, para obter esse resultado, cada byte do texto foi utilizado como entrada na função matemática do hash;

- O hash não é inversível, ou seja, quando criamos um hash de um texto de 512 bytes, geramos um hash de 128 bits. É impossível chegarmos ao texto original através do hash;

- O hash é único. Se dentro de um texto alterarmos um único bit, o hash será alterado. Esse princípio é um dos mais importantes da função de hash, porque se a informação sofrer alguma alteração, o hash muda.

O hash vem sendo utilizado em conjunto com a criptografia para garantir a autenticidade de uma mensagem e assegurar que não sofreu alteração. O hash, portanto, é o princípio para trabalharmos com a assinatura digital.

O HMAC é uma função de hash que é computacionalmente muito difícil de ser quebrada, porque simplesmente possui uma chave criptográfica. Ou seja, para calcular novamente o hash no recebimento da mensagem é necessário conhecer essa chave.

O HMAC foi padronizado pela RFC 2104, ele pode utilizar distintos algoritmos de hashing como o MD5, SHA-1, RIPEMD-160 e o Whirlpool.

3.8 USO DA CRIPTOGRAFIA EM SISTEMAS IOT

Quando se usa criptografia em dispositivos IoT é muito importante definir qual o nível de segurança das chaves criptográficas. As chaves criptográficas devem ser armazenadas e mantidas de forma segura, uma vez que a perda ou roubo de uma chave criptográfica acaba por tornar vulnerável todo o sistema.

Devemos lembrar que se a chave criptográfica for roubada ou copiada, toda a segurança do sistema criptográfico é quebrado.

Existem várias maneiras de proteger uma chave criptográfica em um dispositivo. Uma relativamente simples é utilizar um smartcard ou chip.

O QUE SÃO SMARTCARDS?

Os smartcards são dispositivos eletrônicos, ou chips, usados para várias aplicações, principalmente relacionadas à criptografia. Ele pode ser utilizado para o armazenamento de chaves criptográficas, para assinaturas digitais ou mesmo para o armazenamento de certificados digitais. Na Figura 3.4 temos o exemplo de um dos smartcards mais comuns: os chips telefônicos.

FIGURA 3.4. Smartcards.
Fonte: Pixabay

A ideia é ter um dispositivo eletrônico de baixo custo e que sirva para armazenar as informações criptográficas de um modo seguro e fisicamente inviolável. O smartcard vem sendo utilizado em larga escala com algoritmos criptográficos de fatoração, como o RSA, e especialmente os de curvas elípticas, que são muito utilizados em dispositivos de IoT.

Os algoritmos de curvas elípticas acabam sendo excelentes para trabalhar com smartcards, uma vez que estes tem baixa capacidade computacional, pouca memória e pouco processamento, tornando-os de baixo custo. Um smartcard normalmente não incorpora um coprocessador por questão de custo.

As principais vantagens do uso do smartcard são:

- Autenticação do smartcard: existem mecanismos para verificar se o smartcard é legítimo. Um exemplo é o uso em cartões de bancos com chip;

- Todas as operações realizadas por um smartcard são assinadas digitalmente fazendo uso de um algoritmo de chaves elípticas, dessa maneira, não é possível o usuário negar que tenha realizado a operação. Devemos lembrar que o usuário necessita possuir o cartão para realizar a operação;

- Como todo o processo de comunicação, o smartcard é encriptado por algoritmos de curvas elípticas. A operação é extremamente segura, garantindo confidencialidade.

3.8.1 HSM (HARDWARE SECURE MODULE)

HSM é um hardware utilizado para armazenar a chave criptográfica. Ele é extremamente seguro, evita que as chaves sejam extraídas na forma de texto claro. A depender do HSM utilizado, se pode, inclusive, aumentar a performance do sistema criptográfico, pois ele possui coprocessadores de uso específico que auxiliam o processo criptográfico.

As chaves são armazenadas em uma unidade de memória que não pode ser violada. O chip de memória é protegido fisicamente e colado de tal maneira que qualquer tentativa de remoção o quebra.

Além disso, o HSM tem mecanismos adicionais de proteção física, com sensores. Se, por exemplo, a tampa do equipamento for removida, o HSM consegue automaticamente apagar as chaves criptográficas. Para que esse mecanismo funcione, um HSM possui uma unidade de bateria interna que pode durar alguns anos, oferecendo esse nível de proteção mesmo que o equipamento esteja sem energia.

O HSM possui hardware acelerador tanto de criptografia simétrica, como assimétrica para os principais algoritmos como RSA, AES, 3DES e ECC e também um bom e confiável gerador de números aleatórios.

O HSM é normalmente acessado por uma API (Application Program Interface) que suporta o padrão criptográfico PKCS#11. É uma solução ideal para evitar que as chaves criptográficas sejam violadas. Os HSMs de mercado seguem normas rígidas de segurança do governo americano, a FIPS 140-2, garantindo que sejam invioláveis.

3.8.2 ESTUDO DE CASO DA ARQUITETURA IOT COM SEGURANÇA

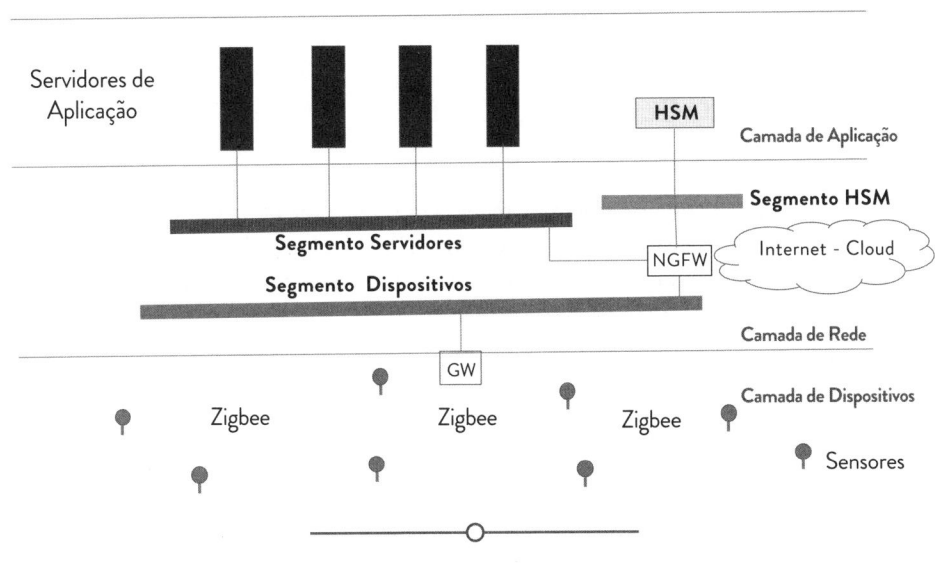

FIGURA 3.5. Arquitetura de caso de uso.

Para deixarmos mais claro o entendimento, vamos detalhar como base a arquitetura IoT da Figura 3.5.

Essa arquitetura exemplifica uma rede de sensores industriais conectados por uma infraestrutura de comunicação baseada no Zigbee. Todo o processo de comunicação entre os sensores (camada de dispositivos) e aplicação segue critérios rígidos de segurança, de forma a minimizar o possível impacto de um incidente.

Seguindo a arquitetura IoT definida no Capítulo 1, vamos detalhar cada uma das camadas.

CAMADA DE DISPOSITIVOS

Na camada de dispositivos temos os sensores, esses estabelecem uma comunicação segura através da rede Zigbee com os servidores. Os dispositivos implementam uma camada adicional de criptografia baseada no algoritmo ECC de curvas elípticas. Cada dispositivo possui internamente um chip criptográfico onde está armazenada a chave privada e um certificado digital. Para poder se validar na rede, o dispositivo precisa validar sua conexão com um certificado, que é usado, neste caso, para autenticidade.

VOCÊ SABE O QUE É O ZIGBEE?

É um padrão de comunicação para redes sem fio que faz baixo uso de energia, porém, com baixa velocidade de comunicação. Ele foi padronizado por um consórcio de fabricantes chamado de ZigBee Alliance, e depois o IEEE criou o padrão 802.15.4 baseado na especificação de protocolo criada.

As principais características dessa tecnologia são: instalação muito fácil e rápida; permite topologias dinâmicas e não fixas; faz uso de diversas frequências para minimizar o problema da interferência; alcance limitado a 100 metros e, principalmente, um baixíssimo consumo de energia. Esse tipo de tecnologia é normalmente utilizada por sensores que possuem bateria e uma necessidade de banda de transmissão limitada. Um sistema que usa Zigbee tem baterias que permitem seu funcionamento por anos.

Dentro do nosso projeto, os sensores possuíram certificados digitais, armazenados em um chip criptográfico, funcionando com um smartcard. Um dos servidores na camada de aplicação vai ser o responsável por fazer o trabalho de uma CA (Certification Authority), gerando os certificados.

Dessa maneira, com o uso da criptografia elíptica, do algoritmo ECC, garantimos os serviços de segurança de confidencialidade e autenticidade das mensagens trocadas, já que os dispositivos que usam o ECC consomem pouca capacidade computacional e menos energia.

A comunicação entre a rede de sensores e a camada de rede é realizada por um gateway. Normalmente um equipamento que fala com a rede sem fio usando Zigbee e com a rede cabeada usando o protocolo Ethernet com o TCP/IP, o gateway tem como função principal ser o controlador da rede Zigbee.

CAMADA DE REDE

Na camada de rede vamos interligar os segmentos de rede e a internet,. Para este projeto, optamos por criar três segmentos de rede:

- **Segmento de dispositivos:** neste segmento estão conectados os dispositivos e sensores da rede Zigbee e eventuais segmentos futuros da camada de dispositivos. Este segmento está protegido por uma parede de firewall do nosso Next Generation Firewall.

- **Segmento de servidores:** Neste segmento estão os servidores da aplicação de controle internos, inclusive o servidor que faz o papel da Autoridade de certificação para a geração dos certificados digitais. Também está protegido por uma parede de firewall e existem regras de acesso (ACL – Access Control Lists) limitando endereços IPs e portas que podem ser respectivamente acessadas nos servidores provenientes dos outros segmentos de rede.

- **Segmento HSM:** Neste segmento está localizado o HSM, ou seja, as chaves criptográficas estão protegidas por hardware. Apenas os servidores da Autoridade de Certificação podem acessar o HSM para gerar e assinar novos certificados para dispositivos.

O firewall vai ter o papel fundamental de segregar as redes e também controlar os acessos e portas. Ele vai proteger e controlar o acesso de toda a rede à internet e às aplicações de monitoração que se encontram na Cloud. A ideia é que o acesso à internet seja extremamente limitado, permitindo que apenas os servidores da camada de aplicação acessem serviços específicos na Cloud.

VOCÊ SABE O QUE É UM FIREWALL DE NOVA GERAÇÃO (NGFW)?

Um NGFW é um dispositivo de rede que permite controlar o tráfego TCP-IP. Baseado em serviços, endereços IP e portas, o NGFW é apoiado em tecnologias modernas que permitem agregar, além das funções tradicionais de controle de acesso do firewall, proteção antivírus, filtro de conteúdo WEB e proteções contra tentativas de ataques incorporando um IPS (Sistema de Prevenção a Intrusões), embasado em assinaturas de técnicas de ataques. O NGFW é um ponto fundamental para controlar e garantir a segurança do sistema como um todo.

CAMADA DE APLICAÇÃO

Na camada de aplicação possuímos os servidores da aplicação que coletam os dados dos sensores e, eventualmente, realizam uma atuação em outros sistemas. Não especificamos o uso dessa arquitetura, mas, por exemplo, poderia ser um sistema de controle de temperatura em uma caldeira industrial. É um sistema de missão crítica, assim, de acordo com as medições dos sensores, a aplicação de controle poderia acionar automaticamente o sistema de resfriamento, de modo a garantir o perfeito estado e o controle da temperatura.

Nesta camada também estão os servidores de segurança, como a Autoridade de Certificação.

A ideia de colocar uma camada de segurança tão completa em uma rede como essa é justamente evitarmos que uma aplicação crítica esteja vulnerável a um ataque. Devemos lembrar que uma das principais ameaças da internet hoje são justamente ataques direcionados à infraestrutura crítica e, portanto, quando temos redes conectadas à internet, todo o cuidado com esses sistemas é extremamente crítico.

RECAPITULANDO

Neste capítulo revisitamos os principais conceitos relacionados à criptografia simétrica, assimétrica, além de funções de hash, assinatura digitais e certificados. A criptografia de curvas elípticas, ou ECC, é hoje uma ferramenta muito poderosa para garantir a proteção de dispositivos IoT, principalmente devido à baixa capacidade computacional necessária e o baixo consumo de bateria. Fechamos o capítulo com um estudo de caso da aplicação das tecnologias.

Para praticar

1. Enumere as principais vantagens do uso de um algoritmo de criptografia simétrico.
2. Qual o desafio da criptografia resolvido com o algoritmo Diffie-Hellman?
3. O que são algoritmos de hashing? Enumere as suas propriedades.
4. Qual a relação da criptografia e seu uso militar?
5. Quais as vantagens da rede Zigbee?
6. Qual o papel do NGFW na topologia apresentada?
7. Qual a finalidade de um HSM?
8. Da onde nasceu o algoritmo AES?
9. Qual o papel dos smartcards na criptografia?
10. Quais as vantagens do ECC e da criptografia elíptica?

Respostas

1. Mais rápido e mais eficiente, mais fácil para ser implementado em hardware e utilizado por dispositivos de menor capacidade computacional, como dispositivos IoT.

2. Inventar um algoritmo que fosse capaz de gerar e trocar chaves criptográficas simétricas de um modo seguro.

3. É um algoritmo matemático que para cada texto processado gera como resultado, uma cadeia de bytes única, trabalhando como uma assinatura do arquivo. Cada hash é único para o mesmo arquivo, além disso, ele é inversível. Através do hash não é possível chegar no arquivo original.

4. A criptografia sempre foi desenvolvida e utilizada para fins militares, de modo a proteger as comunicações entre tropas para que o inimigo não tivesse acesso às mensagens.

5. Baixo consumo de energia, baixa velocidade, mas apropriada a uma rede de sensores, pode trabalhar em múltiplas arquiteturas de rede.

6. Proteger e fazer controle no acesso à rede.

7. Proteger as chaves criptográficas fisicamente.

8. A partir de um concurso promovido pelo NIST para substituir o 3DES.

9. Proteger a chave criptográfica.

10. É um excelente sistema criptográfico para o uso em dispositivos IoT e de baixa capacidade de processamento.

CAPÍTULO 4

CONTROLE DE ACESSO E IDENTIDADE NA IOT

O objetivo deste capítulo é apresentar conceitos sobre controle de acesso e identidade na IoT, e demonstrar a importância de políticas de autorização em sistemas cyber-físicos.

4.1 INTRODUÇÃO

Quando consideramos um sistema de Internet das Coisas, sabemos que ele possui uma grande complexidade de conexões: entre atuadores físicos, sensores, dispositivos de interação por linguagem natural, smart TVs, máquinas, dentre outros. Na orquestração entre esses componentes, quando todos esses recursos são integrados em jornadas que entregam valor, surge uma pergunta: como podemos fazer um controle de acesso a esses recursos que seja implementado de forma segura? Como fazer a autorização de ações como, por exemplo, aumentar a temperatura do banho em uma casa conectada? O desafio é realizar o controle de acesso de forma a proteger a segurança das pessoas e sistemas que estão interagindo com o sistema de IoT, de forma que um processo de autorização indevido não coloque em risco a vida de um usuário no caso de atuações físicas, ou sua privacidade, no caso de roubo de seus dados. Em sistemas cyber-físicos que envolvam atuações em máquinas e dispositivos de potência, regras corretas para autorizar simples operações como ligar e desligar esses aparelhos são de grande importância, pois podem ter consequências desde a quebra do equipamento (perda financeira) até danos físicos a operadores (impacto na vida de pessoas).

Outra importante questão é saber com quem estamos falando. Podemos pensar em autenticação de usuários: qual o nível de confiança que posso ter para acreditar que o usuário é quem ele diz ser? Posso confiar na identidade desse usuário?

Tão importante quanto acreditarmos no usuário com quem estamos falando, é poder acreditar nos componentes do sistema. Com o paradigma de Internet das Coisas, autenticar dispositivos pode ser desafiador: como o sistema pode confiar que uma entidade que diz ser a lâmpada conectada da minha casa é de fato a minha lâmpada e não um invasor?

Como iremos fazer o controle de acesso e identidade num sistema IoT?

Para responder a essas perguntas, neste capítulo iremos cobrir alguns tópicos. Primeiro, iremos relembrar os serviços essenciais de segurança para IoT, partindo dos requisitos básicos de qualquer sistema de tecnologia da informação, e explicar as relações entre esses requisitos básicos e os específicos dos sistemas IoT, que devem ser levados em consideração ao analisarmos os diferentes mecanismos de controle de acesso. Em seguida, apresentaremos o conceito de controle de acesso e classificações sob dois critérios, para entendermos como um controle de acesso pode ser classificado. Depois, será introduzido um conceito fundamental para o controle de acesso (AAA), que envolve a autorização e autenticação dos exemplos anteriores. Os métodos de autenticação serão apresentados buscando atender às perguntas "com quem estamos falando?", "em que nível de confiança posso acreditar que você é quem diz ser?". Como exemplos, alguns protocolos e mecanismos serão destacados. Em especial, protocolos usados em implementações que vão desde provas de conceito até sistemas reais e os mecanismos de autenticação que podemos usar em cada um desses protocolos, que já estão prontos para uso (em bibliotecas). A ideia de identificar alguns mecanismos relacionados aos protocolos de comunicação é fornecer uma direção para uma implementação prática (por exemplo, se estou trabalhando com um sistema que é baseado em um determinado protocolo de comunicação, devo procurar usar como base inicial os mecanismos de prateleira suportados por esse protocolo). Iremos fechar o capítulo com a parte de gerenciamento de usuários, que é no mínimo tão importante quanto as demais. Devemos sempre levar em consideração o aspecto humano, que envolve o gerenciamento de credenciais de usuários para o correto uso do controle de acesso. O ponto é que podemos ter o melhor sistema de controle de acesso, mas que é inútil se não for bem gerenciado.

Vamos relembrar os serviços básicos de segurança:

- **Integridade:** Garante que os dados não foram alterados no decorrer de seu caminho. Por exemplo, vamos considerar uma comunicação entre dois usuários: Alice e Bob. Alice pode enviar uma mensagem para Bob dizendo, por exemplo, "Bom dia". No meio do caminho, seja por interferências eletromagnéticas ou interceptação por atacante, essa mensagem pode ser alterada para "Socorro". O serviço de integridade garante que Bob consiga detectar a alteração da mensagem original;

- **Disponibilidade:** O sistema deve estar disponível ao usuário no momento em que desejar fazer uso dele; também pode ser entendido como a probabilidade de o sistema estar disponível no instante em que o usuário requisite seu uso. Um grande desafio é garantir esse requisito em cargas de trabalho exponenciais. Considere dois exemplos: num site de *e-commerce*, quando temos um evento como natal ou Black Friday, a quantidade de acessos simultâneos cresce de forma exponencial. No nosso universo de sistemas IoT, um ataque malicioso de DoS (negação de serviço, para mais detalhes, vide Capítulo 5) pode fazer com que uma casa conectada fique indisponível para os usuários legítimos. Outra questão é que a disponibilidade pode estar ligada à percepção de confiança que um usuário tem sobre o sistema: no mesmo exemplo de *e-commerce*, a indisponibilidade do site pode fazer com que clientes não optem pelo site no futuro; e no caso da IoT, a indisponibilidade de interfaces novas, como um controle de voz, pode fazer o usuário só optar por controlar sua casa da forma convencional;

○ **Autenticidade:** Relacionada com os mecanismos de autenticação que iremos discorrer ao longo do capítulo, envolve saber com quem estamos falando, e o quanto posso confiar nessa identidade. No exemplo de comunicação, posso autenticar as duas pontas, Alice e Bob, por algum meio (por exemplo, biometria). O serviço de autenticidade busca garantir para Bob que quem fala do outro lado é a Alice de fato, e não outra pessoa buscando se passar pela Alice, e vice-versa. Formalmente, o serviço de autenticidade permite que o emissor ou receptor ateste a identidade de seu par de comunicação;

○ **Confidencialidade:** O serviço de confidencialidade é especialmente relevante quando se deseja transportar dados sensíveis que, se tornados públicos, podem ferir a privacidade e segurança de outros sistemas. No exemplo de Alice e Bob, a ideia é evitar o tráfego de dados às claras na rede, pois qualquer um que esteja ouvindo o canal de comunicação entre Alice e Bob consegue obter a informação sensível sem grande esforço computacional. No caso de implementações de IoT, é um grande desafio implementar algoritmos que possam prover o serviço de confidencialidade devido às limitações de banda e processamento desses dispositivos. A definição formal é que o serviço de confidencialidade garante proteção dos dados em trânsito, que as informações só podem ser acessadas pelo receptor legítimo;

○ **Irretratabilidade:** Garante que uma entidade não pode negar o envio de mensagem anteriormente enviada. No exemplo de Alice e Bob, que outra entidade, como o Carlos, possa verificar que a mensagem veio de Alice por meio de uma assinatura digital, por exemplo.

Sistemas de Internet das Coisas devem prover esses serviços básicos de segurança, além de alguns requisitos mais específicos, devido às suas peculiaridades:

- **Data liveness:** Garante que os dados que Alice manda para Bob sejam "frescos". Nesse contexto, o "frescor" dos dados indica que são novos, e não uma simples repetição de mensagens antigas por atacantes. No cenário residencial, o serviço de *data liveness* busca garantir que o comando de abertura do portão automático não se trata da repetição de um comando antigo. Um exemplo de implementação pode ser o *timestamp*, ou carimbo de tempo, que é integrado aos comandos. Em conjunto com a integridade, que garante que o *timestamp* não foi forjado por um atacante, o *data liveness* pode tornar o sistema resiliente ao ataque de repetição (*replay attack*) no cenário residencial descrito. Isso exemplifica a importância de considerar os serviços básicos de segurança em conjunto com os requisitos específicos;

- **Forward secrecy:** É a ideia de geração de chave por sessão, de modo que o comprometimento de uma mensagem não impacte nas demais. Por exemplo, no caso de comprometimento da chave de uma sessão de comunicação entre Alice e Bob, somente dados daquela sessão seriam comprometidos, e não todos os dados de todas as demais, o que prejudicaria o serviço de confidencialidade;

- **Disponibilidade de serviço:** Requisito mais específico de sistemas IoT, relacionado ao requisito de disponibilidade. Ao considerarmos sistemas cyber-físicos, a tolerância a falhas pode ser um critério de qualidade importante. Tanto em casos de indisponibilidade de comunicação quanto de energia, ou até em casos onde partes do sistema não estejam funcionando (por roubo ou questões ambientais), a ideia da disponibilidade de serviço é garantir a continuidade de serviços providos pelo sistema de IoT, mesmo nesses casos, sendo que a priorização pode ser fornecida a serviços mais críticos. Por exemplo, numa arquitetura de casa conectada tolerante a falhas de comunicação que permite uma disponibilidade de serviços maior, a ideia não é tolerar toda e qualquer falha para todo tipo de serviço prestado, e sim priorizar serviços críticos que devem tolerar essas falhas. No controle de uma lâmpada, com duas comunicações redundantes (uma local e outra em nuvem), para o usuário final, a lâmpada pode ser acendida pelo aplicativo de celular de forma transparente (para o usuário, é indiferente que o comando seja feito localmente ou pela internet). Dessa forma, mesmo que haja intermitência da conexão com a internet, como pode ser o caso do cenário brasileiro, poderá haver continuidade do serviço, e assim um maior nível de disponibilidade de serviço do sistema;

○ **Resiliência contra captura de dispositivos:** Ideia de que o comprometimento de uma parte do sistema não afete o sistema como um todo. Garante proteção de dispositivos e recursos de rede se algumas partes do sistema forem comprometidas;

○ **Escalabilidade:** Tomando como exemplo o mecanismo de autenticação, a ideia é que esse mecanismo consiga escalar de forma controlada. Como sistemas de IoT possuem um aspecto muito dinâmico, com crescimento exponencial dos dispositivos conectados, o mecanismo de autenticação deve conseguir escalar na mesma magnitude. Com o aumento do número de dispositivos, o tempo para autenticar ou autorizar deve cumprir um tempo máximo como critério de qualidade. Quando considero o sistema com 10, 100 ou 1000 dispositivos, a ideia é que o tempo que o sistema de controle de acesso demora para cumprir suas funções cresça de forma controlada;

○ **Autorização:** Por fim, o serviço de autorização garante que somente dispositivos autorizados podem acessar os recursos compartilhados do sistema. Isso busca evitar, por exemplo, que atacantes finjam ser usuários legítimos e usem os recursos do sistema, de forma a possibilitar um ataque de negação de serviço.

Relembramos os requisitos básicos de segurança de integridade, autenticidade, disponibilidade, irretratabilidade e confidencialidade, e requisitos específicos de segurança para IoT de resiliência contra captura de dispositivo, disponibilidade de serviço, *data liveness*, escalabilidade, autorização e *forward secrecy* (para mais detalhes, vide a referência [1]), conforme está disposto de forma visual na Figura 4.1.

CONTROLE DE ACESSO E IDENTIDADE NA IOT

Data liveness — Disponibilidade de serviço — Resiliência contra captura de dispositivo

Integridade — Disponibilidade

Serviços Básicos

Autenticidade — Irretratabilidade

Escalabilidade

Autorização — Confidencialidade

IoT

Forward secrecy

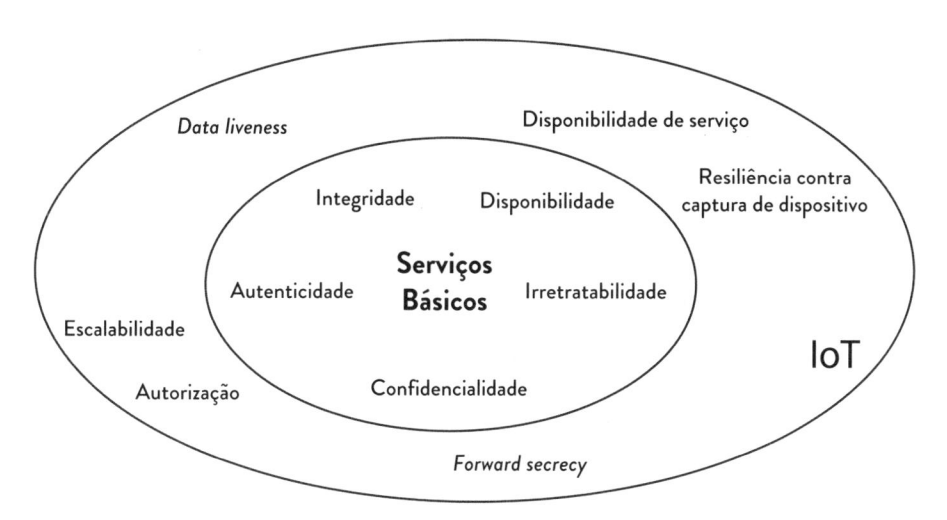

FIGURA 4.1. Segurança em sistemas IoT.

Com esses requisitos em mente, iremos descrever o controle de acesso. Sempre lembrando que o controle de acesso e identidade devem atender a esses requisitos, e assim garantir o acesso a sistemas e informações somente a usuários legítimos.

Nesse contexto de sistemas IoT, o controle de acesso restringe o acesso a recursos protegidos, como dados e dispositivos de atuação. As regras e políticas de controle de acesso especificam as condições que devem ser cumpridas por uma entidade (serviço, usuário, dispositivo) para executar uma ação (obter dados ou atuar) relacionada à outra entidade (serviço, dispositivo).

Cabe destacar a importante distinção entre autenticação e controle de acesso: enquanto a pergunta fundamental relacionada à autenticação é "quem está falando?", o controle de acesso busca responder à pergunta "em quem devemos confiar?" [2].

Conforme ilustrado na Figura 4.2, o controle de acesso ocorre em alguns passos:

1. A entidade requisita acesso para realizar uma ação em determinado recurso do sistema (por exemplo, atuar em outro objeto). Essa requisição possui os atributos da entidade requisitante;

2. Baseado nos atributos da entidade requisitante, que estão na requisição, o sistema de controle de acesso realiza o processo de autorização em três passos:

   a. Seleciona as políticas e regras aplicáveis à requisição recebida;
   b. Compara os atributos da entidade requisitante com essas políticas e decide prover o acesso ou não;
   c. Provisiona o acesso de fato ao mandar a decisão ao objeto-alvo da requisição.

FIGURA 4.2. Sistema de controle de acesso.

Voltando ao exemplo de casa conectada, considere um sistema que permita ao usuário controlar as luzes de sua casa através de um aplicativo no celular, com um sistema de controle de acesso para autorizar ou não a execução das requisições de atuação no sistema. O usuário pode desejar que a luz da sala se acenda, e então realizar o comando através do aplicativo no celular. Essa requisição proveniente do celular chega ao sistema de controle de acesso, e possui informações como dados da entidade (o celular, no caso) e o que está pedindo (ação de ligar a luz), em relação à outra entidade (dispositivo IoT que controla a luz da sala, por exemplo, uma lâmpada conectada). Baseado em quem deseja realizar a ação, a entidade-alvo e quem requisitou, o sistema de controle de acesso irá decidir se autoriza ou não a ação. No caso de autorização bem-sucedida, o comando será repassado para a entidade-alvo, no caso, a lâmpada IoT da sala, que irá finalmente atender à requisição de acender a luz.

No cenário apresentado, fica evidente a importância da escalabilidade: não é desejável que um cliente, após validar e gostar de uma solução de iluminação IoT, adote mais módulos da solução e tenha um sistema de controle de acesso que não consiga escalar. Caso isso ocorra, o tempo de autorização pode crescer exponencialmente de acordo com o aumento do número de dispositivos na casa, tornando inviável a utilização do sistema.

Contudo, pode-se observar que o sistema de controle de acesso opera como intermediário no processo de atuação. No caso do sistema de controle de acesso ser centralizado, uma preocupação surge: o que ocorre se essa entidade central falhar? E se justamente essa entidade for comprometida por um ataque?

Assim, como a arquitetura de um sistema IoT pode ter um aspecto centralizado ou distribuído, esse sistema de controle de acesso também tem as duas vertentes [2].

- **Centralizado:** Uma entidade central é responsável por autorizar as ações no sistema de controle de acesso centralizado, usualmente na nuvem. Nesta abordagem, todos os dispositivos devem manter uma boa conexão com essa entidade central; caso contrário, não será possível acessar os recursos do sistema. Assim, a existência de ponto único de falha (SPOF, do inglês *Single Point Of Failure*) é seu principal ponto negativo, enquanto o aspecto positivo é a simplicidade de gerenciamento, pois todas as regras estarão numa entidade só. Seja por falha no componente (se estiver implantado em hardware), comunicação (se estiver na nuvem) ou ataque, uma entidade única que concentra todo o sistema de controle de acesso pode prejudicar o requisito de disponibilidade do sistema. Caso esse componente seja comprometido, o sistema como um todo pode se tornar indisponível para o usuário;

- **Distribuído:** No controle de acesso distribuído, os mecanismos de autorização ocorrem localmente, e o sistema deve orquestrar todos os componentes e dispositivos que fazem parte desse controle de acesso distribuído. Portanto, os desafios são: a complexidade de orquestração, como gerenciar o controle de acesso que estará distribuído em diversas entidades; ter de lidar com as limitações de processamento e comunicação de dispositivos IoT, provenientes do aspecto de execução local do mecanismo de controle de acesso distribuído.

Após descrever o primeiro tipo de classificação de controle de acesso, passamos a uma classificação pelo tipo de cada controle de acesso, mais relacionado ao aspecto de escalabilidade que a classificação anterior.

Para isso, iremos começar introduzindo o conceito de lista de controle de acesso. Imagine o cenário de uma festa e seu controle de acesso na entrada/saída, com uma lista para fiscalizar quem entra e quem sai da festa. As pessoas na fila de entrada seriam as entidades que fazem requisições ao sistema de controle de acesso (o STAFF da festa), e cada requisição teria o nome completo da pessoa, sendo a ação a mesma para todos: entrar na festa. Um aspecto importante de uma lista de controle de acesso é o identificador, que deve ser único: por isso é importante incluir o nome completo e inclusive o CPF, por exemplo. No caso de somente pedir nome e sobrenome, podemos ter mais de uma pessoa com o mesmo identificador, e assim o controle de acesso fica inviável.

Outro exemplo está mais próximo do contexto de sistemas de informação. Considere novamente os personagens de Alice e Bob e o acesso a um sistema de arquivos. A entidade final seria esse sistema de arquivos, e a lista de controle de acesso contém duas regras: (Alice: *read, write*) e (Bob: *read*). Nesse caso, se Alice requisitar leitura dos arquivos, o sistema de controle de acesso irá permitir; se Alice pedir para escrever em um arquivo, a permissão também será concedida. Já se Bob pedir para escrever em um arquivo, a permissão será negada, mas, ainda assim, se Bob pedir para ler um arquivo, a permissão será fornecida. Conseguimos também aproveitar o exemplo para diferenciar o conceito de autenticação de autorização: podemos ter certeza de que estamos lidando com Alice e Bob (confiar em suas identidades), e fazermos esse processo todo de autorização sabendo que, tanto Alice quanto Bob estão autenticados, mas possuem níveis de privilégio diferentes.

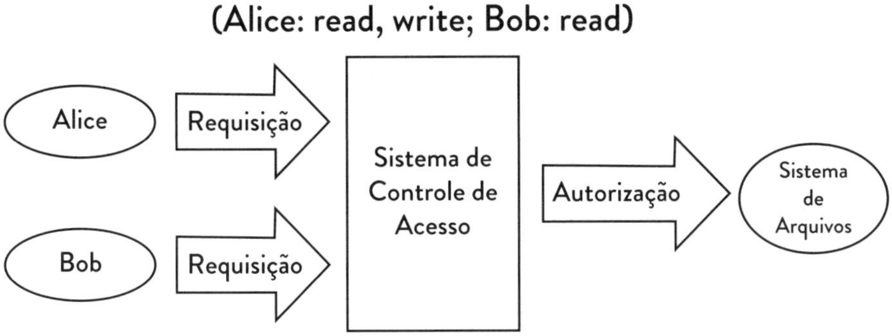

CONTROLE DE ACESSO E IDENTIDADE NA IOT

(Alice: read, write; Bob: read)

FIGURA 4.3. Exemplo de acesso ao sistema de arquivos.

Com o conceito de lista de controle de acesso através de exemplos, passamos aos tipos de controle de acesso:

- **DAC (Discretionary Access Control):** Para cada entidade, podemos ter uma lista de controle de acesso com pares do tipo -identificador: ação-, de forma que todas as regras mapeiam usuário a ações que podem realizar em cada entidade-alvo. No exemplo de Alice e Bob, a lista de controle de acesso seria do tipo Alice: *read, write*; Bob: *read*. No DAC, os usuários podem prover permissões a outros usuários, o que não ocorre no MAC (Mandatory Access Control);

- **MAC (Mandatory Access Control):** No MAC, a política de controle de acesso é gerenciada por um administrador, que é a única entidade que pode prover acesso a outros usuários;

- **RBAC (Role Based Access Control):** Apesar da simplicidade do DAC, como os mapeamentos são discricionários para cada usuário, com o aumento do nível de usuários, o número de regras cresce de forma assustadora, e assim seu gerenciamento fica inviável. Para 10 usuários e uma entidade final, podemos ter até 10 regras diferentes. Para 10 usuários e 10 entidades finais, podemos ter até 100 regras, e para 100 usuários e 10 entidades finais, podemos ter 1.000 regras (!). Dessa forma, surgiu o RBAC, que provê um gerenciamento de regras baseado em papéis. A ideia é que os identificadores sejam substituídos por papéis, de forma que qualquer autorização seja consentida baseada no papel do usuário. O gerenciamento desses papéis é responsabilidade de um administrador do sistema de controle de acesso. No exemplo de Alice e Bob, poderíamos ter o papel de chefe para Alice e funcionário para Bob, e que somente chefes podem escrever e ler dados do sistema, enquanto funcionários comuns podem somente ler os dados;

- **ABAC (Attribute Based Access Control):** Para o ABAC, as regras de autorização são fundadas em atributos das entidades que requisitam as ações. Dessa forma, busca-se aumentar mais um nível no grau de abstração e possibilitar maior granularidade das regras de atuação. Uma regra no ABAC pode se basear em atributos físicos ou de perfil da entidade requisitante, e inclusive possibilitar regras de acordo com o contexto, como, por exemplo, políticas baseadas na hora do dia.

Dentre os diversos tipos de controle de acesso (DAC, MAC, RBAC e ABAC), o mais usado na IoT é o DAC, devido à sua simplicidade. O ABAC é apontado como uma alternativa interessante e que permite maior granularidade de regras, mas apesar de indicado pelos acadêmicos devido ao seu dinamismo e suporte a contexto [2], ainda não é o mais usado por ser mais complexo.

ANALOGIA: CONTROLE DE ACESSO EM UMA EMPRESA

Considere um sistema de controle de acesso em uma empresa, no decorrer de seu ciclo de vida. Enquanto startup, o controle de acesso pode ser feito pelos próprios sócios-fundadores, e com a contratação de mais colaboradores, as permissões de acesso podem ser fornecidas pelos usuários que já as possuem, num modelo DAC. Ao escalar e se tornar uma empresa de porte pequeno/médio, por questões de segurança podemos ter a contratação de um funcionário específico para a função de gerenciamento do controle de acesso, ou terceirização desse serviço, caracterizando um MAC. Já quando a empresa chega a um porte médio/grande, o RBAC é o mais indicado. Quando um funcionário novo é contratado, um papel é designado para ele, e de acordo com seu papel, um nível de privilégio lhe é fornecido (um estagiário pode não ter permissão para acessar a sala do diretor, por exemplo). Se pensarmos em sistemas de controle de acesso com restrição de horário, estamos pensando em algo mais parecido com o ABAC, pois a validade da regra é condicionada ao período do dia (por exemplo, isso impede que funcionários acessem uma fábrica no meio da madrugada).

Com o ABAC, também podemos pensar em regras de autorização temporárias, como no caso de diaristas, estagiários e terceirizados, facilitando o processo de revogação de acesso, pois a regra em si já possui uma vigência predefinida.

Desse modo, o ABAC pode agir restringindo o acesso e possibilitando regras mais personalizadas, de forma dinâmica.

4.2 AAA

Outro conceito importante para entendermos o controle de acesso e identidade é o AAA (*Authentication, Authorization and Accounting*). Ele é composto por:

- **Autenticação** (*Authentication*): O processo de autenticação possibilita atestar a identidade de uma entidade, buscando aumentar o nível de confiança entre as entidades envolvidas na comunicação. Em um sistema IoT, esse processo não se resume a usuários: pode ocorrer autenticação entre dispositivos IoT e a plataforma, entre essa plataforma e usuários, ou entre componentes da plataforma [3]. Pode também ser entendido como o processo para se estabelecer confiança sobre a autenticidade de uma entidade [4];

- **Autorização** (*Authorization*): O processo de autorização ocorre para verificar o direito de um usuário autenticado a acessar um recurso ou executar uma atividade no sistema. No exemplo de Alice e Bob, sabendo que Alice e Bob estão autenticados, o processo de autorização ocorre para verificar as permissões de escrita e leitura do banco de dados e de fato permitir esse acesso. No caso de sistemas IoT, autorizações podem ser classificadas em autorizações do usuário para executar operações na plataforma IoT e autorizações entre componentes da plataforma IoT [3];

- *Accounting:* Esse processo é responsável por aferir a quantidade de recursos que um usuário consome durante seu acesso. Podem ser classificados entre operações disparadas por usuários ou componentes [3]. Especialmente importante em ambientes de computação em nuvem [4], onde o CSP (*Cloud Service Provider*) deve mapear as ações que ocorrem em seu ambiente à entidade correspondente responsável por tal ação (por exemplo, usuário, outro processo ou dispositivo).

Enquanto mecanismos de criptografia são usados para cumprir com o requisito de confidencialidade, a assinatura digital é usada para cumprir com os requisitos de autenticação e *accountability* (relacionado ao processo de *accounting*). Mecanismos de hash são empregados para garantir a integridade das mensagens [4].

Considerando o exemplo de computação em nuvem, para um mecanismo forte de autorização, a CSA (Cloud Security Alliance) recomenda o mapeamento do nível de privilégio mínimo para identificar o nível de autenticação necessário para acesso ao recurso [4].

Com relação às vulnerabilidades, práticas inseguras como senhas fracas, uso de único fator de autenticação e um ciclo fraco de gerenciamento de credenciais tornam o processo de autenticação inseguro. Por outro lado, verificações de autorização insuficientes e fraco gerenciamento de privilégios a usuários afeta negativamente o processo de autorização.

Quanto ao aspecto de privacidade, a IoT Working Group da CSA [5] recomenda a implementação de um servidor de AAA que possibilite aos consumidores a definição de preferências e consentimento de uso e compartilhamento de seus dados, de forma que os usuários tenham visibilidade de quais de seus dados estão compartilhados com quem. Outra recomendação é a implementação de mecanismos efetivos de AAA para nós sensores sem fio, que podem ajudar as aplicações a obterem informações próprias de contexto, que levem em conta os desafios de limitação de energia e processamento.

Para ilustrar os conceitos de autenticação envolvidos no AAA e a classificação proposta, considere um exemplo de estoque inteligente numa plataforma de *e-commerce* que conecta casas on-line a mercados. Nesse sistema, a geladeira IoT consegue fazer o controle de estoque em tempo real e apresentar o estado atual num aplicativo de celular ao usuário final.

Se o usuário observar que o seu estoque de cervejas está baixo, ele pode comandar um pedido a partir de seu celular. Para executar esse comando (A), será necessária uma autenticação entre usuário e plataforma IoT, podendo ser usada a autenticação por digital presente no celular.

No caso da conexão (B) entre a geladeira e a plataforma, será necessária uma autenticação entre plataforma IoT e dispositivo, de forma a assegurar que os dados disponibilizados para o usuário final, que devem auxiliar na sua tomada de decisão, sejam íntegros e frescos (relembrando os conceitos de *data liveness* e *integridade*). Se o MQTT for o protocolo de aplicação usado, a autenticação será feita por credenciais simples, e o canal de comunicação TCP (Transmission Control Protocol) deve ser criptografado com TLS.

Por fim, caso o usuário esteja em casa visualizando o estoque da geladeira, mas ocorra uma indisponibilidade da rede local, podemos ter uma comunicação direta entre dispositivos (C). O celular e a geladeira IoT podem se comunicar diretamente através de Bluetooth, por exemplo.

```
┌─────────────────────────────┐
│        Plataforma           │
│           IoT               │
└─────────────────────────────┘
        │            │
   (A) Entre      (B) Entre
   usuário e      dispositivo e
   plataforma IoT plataforma IoT

┌─────────┐                ┌─────────┐
│ Celular │                │Geladeira│
│   App   │ (C) Entre      │   IoT   │
│         │  dispositivos  │         │
└─────────┘                └─────────┘
```

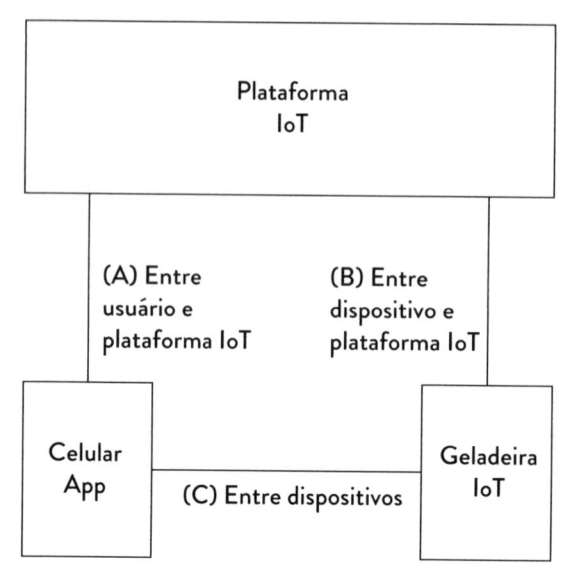

FIGURA 4.4. Exemplo de tipos de autenticação existentes num sistema IoT.

Plataformas de IoT comerciais permitem diferentes níveis de autenticação a depender se esse processo de autenticação ocorre entre dispositivo e plataforma, usuário e plataforma ou entre componentes da plataforma. Conforme a natureza do processo de autenticação da sua aplicação, uma plataforma pode ser mais interessante que a outra para acelerar o desenvolvimento.

A ideia é que com o conhecimento de IoT e entendimento dos requisitos de segurança em detalhe e requisitos específicos do sistema, o leitor possa escolher a melhor plataforma de acordo com sua necessidade. Por exemplo, se a minha aplicação precisa muito da autenticação entre dispositivos e plataforma, que não possuem muita interação humana, como um sistema que é baseado em coleta de dados, vou priorizar uma plataforma que possua a melhor solução de autenticação entre dispositivo e plataforma. Por outro lado, para esse caso, os critérios de possuir autenticação entre usuários e plataforma, ou entre componentes não fazem muito sentido. O mesmo vale para o processo de autorização: após especificar os requisitos que o processo deve cumprir, escolher a plataforma que melhor suporte seus requisitos e acelere seu desenvolvimento.

CONTROLE DE ACESSO E IDENTIDADE NA IOT

Plataforma	Dispositivo e plataforma	Usuários e plataforma	Entre componentes da plataforma
Amazon IoT	Credenciais do dispositivo	Credenciais do usuário	N/A
IBM Watson IoT	Chaves de API	ID/senha, tokens e certificados OAUTH	LDAP, IBM web identity
Oracle IoT	OAUTH	Credenciais	Certificados, tokens OAUTH

TABELA 4.1. Autenticação em plataformas IoT comerciais. Adaptado de [3].

Plataforma	Autorização à plataforma	Entre componentes
Amazon IoT	Políticas de acesso	N/A
IBM Watson IoT	Políticas de acesso, Blacklists e Whitelists	Espaços para clientes autenticados
Oracle IoT	Perfis e políticas	Token de acesso OAUTH

TABELA 4.2. Autorização em plataformas IoT comerciais. Adaptado de [3].

Plataforma	Usuário aos dados e serviços	Componentes aos ados e serviços
Amazon IoT	CloudWatch, CloudTrail	N/A
IBM Watson IoT	log	log
Oracle IoT	N/A	log

TABELA 4.3. Accounting em plataformas IoT comerciais. Adaptado de [3].

4.3. MÉTODOS DE AUTENTICAÇÃO

Quando pensamos no AAA, observamos que um de seus itens é a Autenticação. Se lembrarmos dos serviços básicos de segurança para qualquer sistema, a autenticidade está presente. Dessa forma, faz-se necessário cobrir como podemos pensar em uma autenticação segura em um nível maior de detalhe.

Relembrando, a pergunta essencial da autenticação é: "com quem estamos falando?". Como podemos confiar que um dispositivo IoT é legítimo? Como saber que o usuário é legítimo?

Em sistemas de IoT, a multiplicidade de conexões entre dispositivos, sistemas e usuários gera uma grande quantidade de dados em trânsito. Se não houver proteção na rede, credenciais de acesso podem ser facilmente obtidas por atacantes e prejudicar a segurança do sistema inteiro. Nesse contexto, existem métodos de autenticação empregados para validar a identidade de usuários e dispositivos legítimos conectados à rede [6]. Há diversos tipos de autenticação que podem ser empregados em sistemas IoT, conforme ilustrado na Figura 4.5.

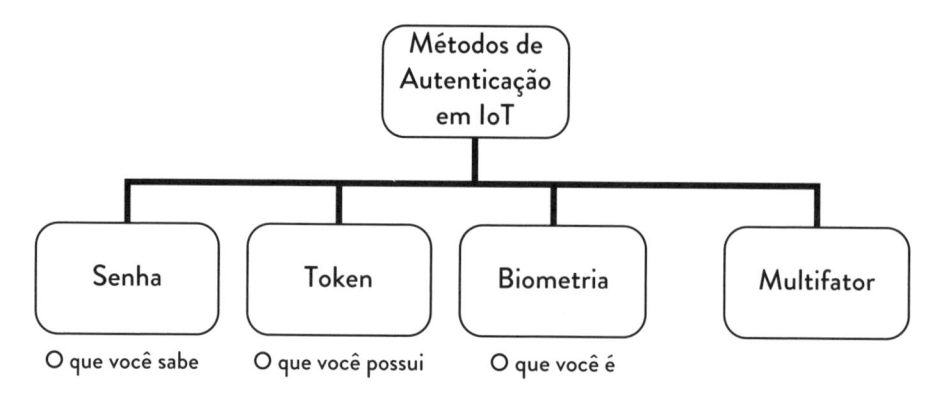

FIGURA 4.5. Métodos de autenticação em sistemas IoT.

- **Senha:** Baseado no conceito de "o que você sabe", o tipo mais comum de autenticação em sistemas de TI é a credencial baseada em identificador (id) e senha. Cada usuário cria um par id-senha, de forma que o identificador seja único no sistema. No processo de autenticação, o usuário fornece seu id-senha, e se o protocolo atestar que o par encontra-se no conjunto de credenciais válidas, a autenticação é bem-sucedida;

- **Token:** Baseado em "o que você possui", o serviço de autenticação pode usar um token para identificar univocamente um usuário ou dispositivo. É comum a implementação de políticas de expiração e o uso conjunto com hardware, como cartões e chips RFID (Radio Frequency IDentification) que contém o token [6]. É o caso de serviços de autenticação baseados em outra plataforma, como o login por redes sociais a outro site, por exemplo, de *e-commerce*. Neste exemplo, após o usuário concordar em fornecer dados de sua rede social à plataforma de *e-commerce*, a rede social pode fornecer um token para a plataforma, de forma a atestar que o usuário de fato existe na rede social. Outro exemplo é o acesso a plataformas de bancos, que por vezes fornecem um aparelho físico (usualmente aparelho móvel ou dispositivo específico de propósito único), que gera tokens a depender da hora do dia: no processo de autenticação, o usuário pode precisar digitar o token gerado para ter acesso à plataforma;

- **Biometria:** Baseada na identificação através das características físicas únicas de cada ser humano, no que você é. Envolve um pré-cadastro e normalmente o uso de um sensor específico, como leitor de digital e câmeras. A biometria pode ser baseada em reconhecimento de digital, reconhecimento facial, reconhecimento de íris, reconhecimento de palma da mão e reconhecimento da voz [6];

- **Multifator:** Consiste em usar uma combinação de múltiplos fatores, que são os tipos básicos descritos anteriormente. A ideia é que o uso da combinação dos fatores para autenticar usuários aumente o nível de segurança, de forma que o comprometimento de um único fator não leve à quebra do mecanismo de autenticação como um todo. Outro exemplo é a necessidade de acordo com o nível de risco percebido, como é o caso do acesso a partir de dispositivo e localização anormais ou transferência de dinheiro de valor muito maior que o normal. No caso de comprometimento da senha de um usuário do banco, e o atacante tentar transferir uma quantia anormal, o sistema pode pedir um segundo fator de autenticação para confiar que o usuário é legítimo e, portanto, a transferência poder ser autorizada. Outro ponto a ser considerado é a usabilidade: confiar apenas em único fator, como uma senha forte que o usuário é obrigado a trocar a cada mês, podemos fazer com que o usuário anote essa senha num Post-it ou gere uma nova senha a partir da anterior, comprometendo a segurança do sistema. Se usarmos uma autenticação multifator, daremos maior usabilidade através da implementação de mecanismos de autenticação biométrica em combinação com a senha.

VOCÊ SABE O QUE É BIOMETRIA COMPORTAMENTAL?

Uma alternativa que vem sendo estudada para a autenticação em sistemas de IoT é a denominada autenticação comportamental. Trata-se da ideia de expandir a biometria para identificar pessoas pela forma como se comportam, seja através de seus lugares mais visitados, e sensores embarcados ou fixos em ambientes inteligentes. A ideia de realizar uma autenticação continuada, que aprende o comportamento do usuário e o autentica de forma contínua, busca permitir maior foco na detecção e uma maior usabilidade, pois a proposição é de minimizar as interações com o usuário final. Vamos considerar o exemplo de um almoço entre dois executivos. Ao ser chamado para retirar seu almoço, um dos executivos se ausenta da mesa levando consigo seu celular, mas deixando seu computador desbloqueado. O computador possui um mecanismo de desbloqueio apenas quando o celular está próximo, o que é verdade. O outro executivo pode se aproveitar da situação e usar a oportunidade para obter informações confidenciais de um projeto do computador de seu parceiro de almoço. Como o celular está próximo o suficiente, o computador fica desbloqueado e permite que o outro executivo busque por informações e as obtenha sem muita dificuldade. A ideia da biometria comportamental e autenticação continuada poderia ser aplicada no cenário acima ao considerar o padrão de digitação como um fator para autenticar o usuário do computador; e mais: se o mecanismo de autenticação multifator levasse em conta o acelerômetro do celular para inferir se o executivo está parado ou não, essa informação poderia ser usada. Com esses mecanismos, o computador poderia suspeitar que há algo de errado e pedir uma autenticação adicional (uma senha ou interação com o leitor de digital). Contudo, deixar essa regra de detecção de situação anormal muito restrita pode fazer com que o usuário legítimo tenha de fazer mais interações com o mecanismo de autenticação; deixá-la muito leve pode fazer com que situações de perigo não sejam detectadas. Esse desafio, de lidar com falsos positivos e falsos negativos, é uma grande barreira para a evolução da autenticação comportamental.

4.4. PROTOCOLOS

Para entender como autenticar, é importante entender como as comunicações ocorrem. Os fundamentos dos protocolos de comunicação, seus mecanismos e protocolos de autenticação. Nesta seção, dentre os diversos protocolos (MQTT, COAP, Zigbee, Bluetooth e HTTP/REST), o protocolo MQTT é elucidado como exemplo. Em seguida, na próxima seção, uma relação entre alguns protocolos e mecanismos de autenticação passíveis de serem implementados é apresentada para ser utilizada pelo leitor como sugestões iniciais para implementação.

- **MQTT:** O MQTT é um protocolo baseado em um modelo cliente/servidor sobre TCP/IP usual, indicado para dispositivos limitados em processamento e banda de comunicação, sendo, portanto, indicado para aplicações IoT. É um padrão aberto [7] e usa o paradigma *Publish/Subscribe*, sendo orientado a eventos.

No caso de sistemas IoT, os dispositivos se conectam como clientes a um servidor único, o *broker*, que é o responsável pelo gerenciamento dos tópicos e comunicação entre as entidades. Mensagens provenientes dos dispositivos podem ser publicadas em tópicos, que, por sua vez, podem ser ouvidos por outros dispositivos (após o processo de *subscribe*).

Com o paradigma *Publish/Subscribe*, dispositivos IoT podem se inscrever apenas nos tópicos em que tem interesse, de forma que os dispositivos que publicam informações podem não saber quem os está ouvindo, ficando a critério do *broker* o estabelecimento das políticas de autorização para inscrição e publicação nos mais diversos tipos de tópicos. Essa característica é o desacoplamento entre clientes MQTT.

Um exemplo do paradigma *Publish/Subscribe* é o caso de uma plataforma de *streaming* de vídeos. Nessa plataforma, criadores de conteúdo publicam vídeos em canais. Espectadores podem se inscrever em canais. Quando um criador manda um vídeo novo no seu canal, todos seus inscritos recebem a notificação desse vídeo novo.

Outro exemplo do contexto de sistemas IoT: numa casa conectada, podemos ter atuadores, sensores e monitores. Um monitor pode ser um tablet com um dashboard, enquanto um sensor pode ser a presença da sala. Considere o tópico de Presenca_Sala. O sensor de presença publicará informações no tópico Presenca_Sala. O dashboard estará inscrito no tópico, e mostrará o estado atual da sala. Além disso, um integrador local (hub), com regras de automação está também inscrito no tópico. Como é orientado a eventos, as publicações podem ser realizadas apenas na troca de estado. Partindo do estado da sala sem presença, quando uma pessoa entra na sala, o sensor de presença atualiza o tópico Presenca_Sala, cuja alteração é repassada ao dashboard e integrador por meio do *broker*.

O *broker* pode estar implementado localmente ou na nuvem, a depender da arquitetura do sistema IoT. Um ponto negativo é o uso de TCP, que obriga aos dispositivos uma conexão ativa com o *broker*.

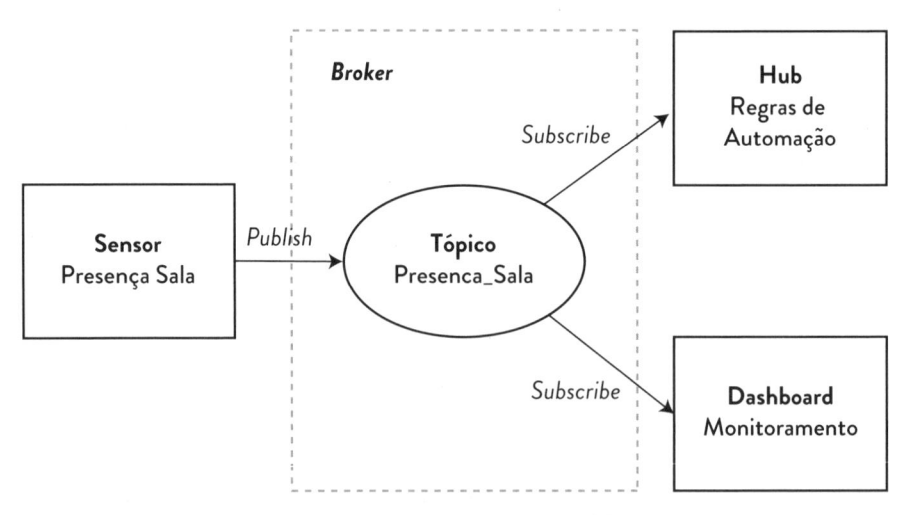

FIGURA 4.6. Exemplo do protocolo MQTT.

4.5. MECANISMOS

De forma a obter autenticação interoperável entre dispositivos de diferentes fabricantes, o uso de mecanismos de segurança disponíveis em protocolos padronizados é necessário. A Tabela 4.4 resume o mapeamento entre protocolos de comunicação e os mecanismos de autenticação que podem ser empregados de forma mais fácil, acelerando o desenvolvimento.

Protocolo de comunicação	Mecanismos de autenticação
MQTT	Usuário e senha
CoAP	Pre-sharedKey rawPublicKey Certificado
XMPP	Múltiplas opções disponíveis
DDS	Certificados X.509 usando tokens de algoritmo RSA e DSA
Zigbee	Pre-shared key
Bluetooth	Chave compartilhada
Bluetooth Low Energy (BLE)	Connection Signature Resolving Key (CSRK) e Identity Resolving Key (IRK)
HTTP/REST	Autenticação básica, TLS, OAUTH2

TABELA 4.4. Protocolos de comunicação e seus mecanismos de autenticação. Adaptado de [5].

De forma a complementar a Tabela 4.4, seguem sugestões e limitações para cada protocolo [5]:

- **MQTT:** O protocolo faz o username/password trafegar às claras na conexão de clientes, por isso a necessidade de combinar o TLS (criptografia da conexão TCP/IP) com o MQTT;
- **CoAP:** Combinar com Datagram TLS (D-TLS) para maior confidencialidade;

- **XMPP:** A variedade de padrões de autenticação é suportada na sua camada SASL (Simple Authentication and Security Layer). Mecanismos suportam autenticação mútua, autenticação com senhas criptografadas e certificados;

- **DDS:** O DDS (Object Management Group Data Distribution Standard) prevê protocolos de troca inicial de chaves, além de suporte a certificados e diversos tipos de tokens para autenticação;

- **Zigbee:** Suporta autenticação aos níveis de rede e aplicação;

- **Bluetooth:** Suporta autenticação mútua e pareamento seguro entre dispositivos;

- **BLE:** Introduz o método de pareamento LESecure Connections com autenticação de dois fatores;

- **HTTP/REST:** Para garantir um nível mínimo dos serviços de autenticação e confidencialidade, HTTP/REST deve ser usado em conjunto com o TLS. Uma prática sugerida é usar um método baseado em token, como o OAUTH2.

4.6. GERENCIAMENTO DE USUÁRIOS

Para considerar o aspecto humano no controle de acesso, trazemos o conceito de gerenciamento de identidade de usuários, que está relacionado ao gerenciamento do ciclo de vida da identidade digital de um usuário, seja ele humano ou máquina (conforme ilustrado na Figura 4.7). O gerenciamento de senhas pode envolver a restrição a um determinado nível de segurança, bem como um ciclo de vida restrito, incluindo políticas de troca, reset e expiração.

CONTROLE DE ACESSO E IDENTIDADE NA IOT

Registrar ⇒ Provisionar ⇒ Gerenciar ⇒ Revogar ⇒ Desregistrar

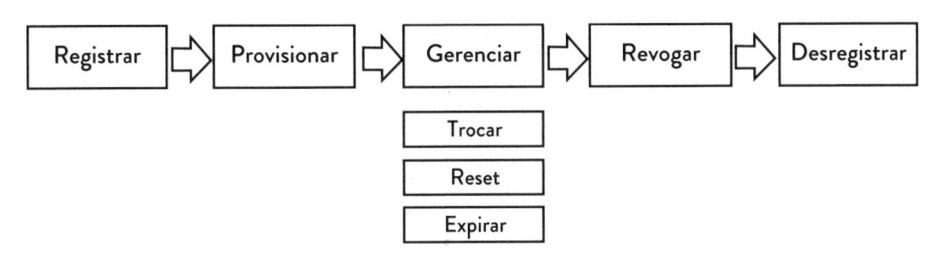

Trocar
Reset
Expirar

FIGURA 4.7. Exemplo de um ciclo de vida de uma identidade digital.

- **Registrar:** Registro do usuário, usualmente com preenchimento de dados pessoais, perguntas em caso de esquecimento de senha;

- **Provisionar:** Provisionar acesso ao sistema através do estabelecimento de políticas de autorização aos recursos, de acordo com o nível de privilégio do usuário;

- **Gerenciar:** Processos de troca de senha e reset em caso de esquecimento, políticas de expiração de senha do usuário;

- **Revogar:** Revogar o acesso aos recursos do sistema;

- **Desregistrar:** Apagar completamente informações e dados de acesso do sistema.

No exemplo de credenciais de acesso de um funcionário em uma empresa, o processo de registro envolve o preenchimento de dados pessoais, sua função e perguntas em caso de esquecimento de senha ("nome do primeiro animal de estimação?"). Após o cadastro, o administrador do sistema de controle de acesso provisiona o acesso ao usuário, mapeando o usuário a um perfil/papel. De acordo com esse perfil, o usuário tem um nível de privilégio. Por exemplo, considerando o controle de acesso baseado em perfis, se o novo funcionário pedir para acessar o prédio, o sistema de controle de acesso verificará que ele possui o perfil de usuário comum, e autorizará o acesso ao prédio. O gerenciamento envolve processos que ocorrem em operações normais, como troca de senha, reset em caso de esquecimento, e podem ser impactadas por políticas de expiração de senha do usuário (por exemplo, trocar a cada três meses). Quando o funcionário sai da empresa ou sai de férias, podemos revogar o acesso aos recursos do sistema, de forma a evitar o mau uso de sua credencial. Já o desregistro envolve apagar os dados de acesso desse usuário do sistema.

4.7. PROTOCOLOS DE AUTENTICAÇÃO

Dentre os diversos protocolos de autenticação, destacamos o OAuth 2.0 [8] como exemplo.

O framework de autorização OAuth 2.0 permite que uma aplicação terceira obtenha acesso limitado a um serviço HTTP (Hypertext Transfer Protocol), através da autorização entre o dono do recurso e o serviço HTTP.

O padrão OAuth 2.0 prevê quatro tipos de entidades [8]:

- **Resource Owner:** Capaz de fornecer acesso a um recurso protegido;
- **Resource Server:** O servidor que hospeda os recursos protegidos;
- **Client:** Uma aplicação requisitando acesso a um recurso protegido com a autorização do *Resource Owner*;
- **Authorization Server:** O servidor responsável por expedir tokens de acesso ao *client*.

Em resumo, o fluxo do OAuth 2.0 opera na seguinte ordem:

1. O *client* requisita autorização do *resource owner*;
2. O *client* recebe autorização do *resource owner* em forma de uma credencial;

CONTROLE DE ACESSO E IDENTIDADE NA IOT

3. O *client* se autentica e requisita um token de acesso ao *authorization server*;

4. O *authorization server* autentica o cliente e valida a autorização da etapa 2. Se válido, emite um token de acesso;

5. O *client* usa o token de acesso para se autenticar com o *resource server* e requisita acesso ao recurso protegido;

6. O *resource server* valida o token de acesso e autoriza o acesso.

Para requisições subsequentes, o *client* pode usar o mesmo token de acesso para requisitar acesso ao recurso protegido ao *resource server*.

Quando o token expirar, basta o *client* se autenticar com o *authorization server*, apresentar um *refresh token* e obter outro token de acesso.

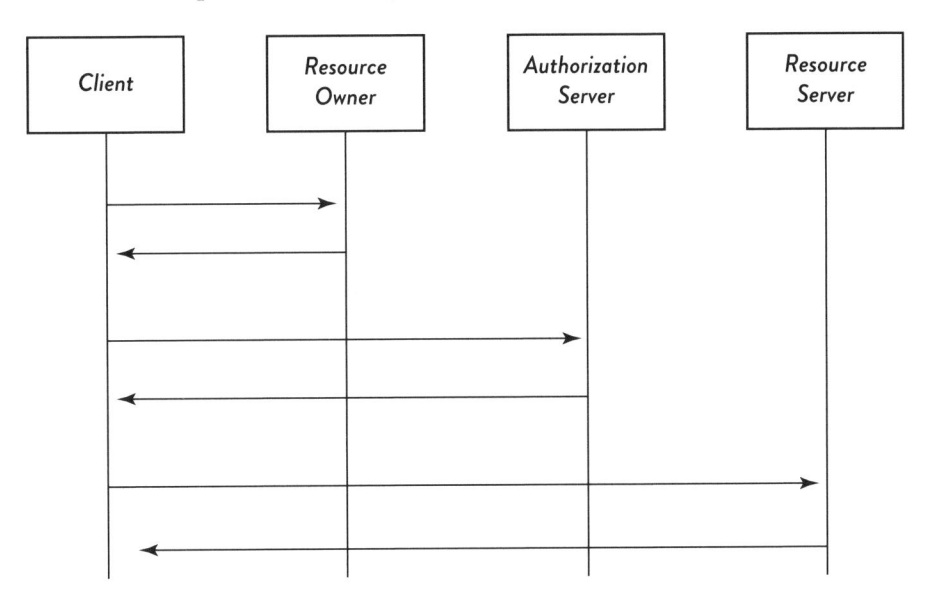

FIGURA 4.8. Fluxo do protocolo OAuth 2.0.

RECAPITULANDO

Neste capítulo, apresentamos fundamentos para a avaliação de um controle de acesso e identidade num sistema IoT, buscando responder às perguntas "com quem estamos falando?" e "quem possui autorização?". Após a leitura deste capítulo, o leitor deve compreender os seguintes conceitos:

- Quais são os requisitos específicos para serviços de segurança para IoT, sua relação com os serviços básicos de segurança em qualquer sistema de Tecnologia da Informação;
- Qual a importância de um processo de autorização seguro para sistemas IoT;
- Os pontos negativos e positivos das abordagens centralizada e distribuída para o controle de acesso;
- A diferença entre DAC. MAC, RBAC e ABAC. Qual é o mais usado em sistemas de IoT, e qual a vantagem que o ABAC tem em relação aos demais, considerando as necessidades específicas de sistemas IoT;
- O que é o AAA;
- Quais são os métodos de autenticação que podem ser usados, e o que significa a autenticação multifator;
- O que é um protocolo do tipo *Publish/Subscribe*, e um exemplo de uso no caso de uma casa conectada;
- O funcionamento básico do OAuth e como funciona o mecanismo de token de acesso;
- Qual a importância do aspecto humano, especificamente o gerenciamento de usuários.

Para praticar

1. Considere carros conectados integrados a um sistema de mobilidade urbana de uma cidade inteligente.

a. Cite dois serviços básicos de segurança que são mais relevantes nesse cenário, e o porquê.

b. Cite três serviços específicos de segurança para IoT que são mais relevantes nesse cenário, e o porquê.

c. Um sistema de controle de acesso é importante nesse caso? Justifique.

d. Como seria um sistema de controle de acesso centralizado nesse caso?

e. Como seria um sistema de controle de acesso distribuído nesse caso?

f. Para o controle de acesso centralizado e o distribuído propostos, indique uma vantagem e uma desvantagem para cada um, de forma a completar a tabela:

Controle de acesso	Vantagem	Desvantagem
Centralizado		
Distribuído		

g. Entre DAC, MAC, RBAC ou ABAC, qual seria o mais indicado nesse cenário? Por quê?

h. Para cada tipo de autenticação, indique o quanto a considera importante para o sistema em questão:
   i. Entre usuário e plataforma IoT;
   ii. Entre dispositivo e plataforma IoT;
   iii. Entre dispositivos.

i. Baseado no item anterior, escolha uma plataforma IoT da Tabela 4.1.

j. Proponha um método de autenticação para o usuário desse sistema. Justifique.

k. Seria viável implementar o sistema usando o paradigma *Publish/Subscribe*? Em caso positivo, indique quais seriam os tópicos, quem publicaria e quem seria inscrito.

l. Como pode ser feito o gerenciamento de usuários durante todo seu ciclo de vida no sistema proposto?

m. Um sistema de controle de acesso e autorização nesse sistema se beneficia de uma abordagem usando tokens?

2. Considere uma indústria 4.0, com máquinas e sensores diversos que ajudam a automatizar uma fábrica.

   a. Cite dois serviços básicos de segurança são mais relevantes nesse cenário, e o porquê.

   b. Cite três serviços específicos de segurança para IoT que são mais relevantes nesse cenário, e o porquê.

   c. Um sistema de controle de acesso é importante nesse caso? Justifique.

   d. Como seria um sistema de controle de acesso centralizado nesse caso?

   e. Como seria um sistema de controle de acesso distribuído nesse caso?

   f. Para o controle de acesso centralizado e o distribuído propostos, indique uma vantagem e uma desvantagem para cada um, de forma a completar a tabela:

Controle de acesso	Vantagem	Desvantagem
Centralizado		
Distribuído		

   g. Entre DAC, MAC, RBAC ou ABAC, qual seria o mais indicado nesse cenário? Por quê?

- h. Para cada tipo de autenticação, indique o quanto a considera importante para o sistema em questão:
    - i. Entre usuário e plataforma IoT;
    - ii. Entre dispositivo e plataforma IoT;
    - iii. Entre dispositivos;
- i. Baseado no item anterior, escolha uma plataforma IoT da Tabela 4.1.
- j. Proponha um método de autenticação para o usuário desse sistema. Justifique.
- k. Seria viável implementar o sistema usando o paradigma *Publish/Subscribe*? Em caso positivo, indique quais seriam os tópicos, quem publicaria e quem seria inscrito.
- l. Como pode ser feito o gerenciamento de usuários durante todo seu ciclo de vida no sistema proposto?
- m. Um sistema de controle de acesso e autorização nesse sistema se beneficia de uma abordagem usando tokens?

3. Considerando o cenário do agronegócio, uma alternativa para lugares que não possuem conexão com a internet é o uso de uma estação móvel, como um drone que coleta dados de uma grande plantação, depois retorna à fazenda e possui conexão com a internet.

    - a. Cite dois serviços básicos de segurança que são mais relevantes nesse cenário, e o porquê.
    - b. Cite dois serviços específicos de segurança para IoT que são mais relevantes nesse cenário, e o porquê.
    - c. Um sistema de controle de acesso é importante nesse caso? Justifique.
    - d. Como seria um sistema de controle de acesso centralizado nesse caso?

e. Como seria um sistema de controle de acesso distribuído nesse caso?

f. Para o controle de acesso centralizado e o distribuído propostos, indique uma vantagem e uma desvantagem para cada um, de forma a completar a tabela:

Controle de acesso	Vantagem	Desvantagem
Centralizado		
Distribuído		

g. Entre DAC, MAC, RBAC ou ABAC, qual seria o mais indicado nesse cenário? Por quê?

h. Para cada tipo de autenticação, indique o quanto a considera importante para o sistema em questão:

   i. Entre usuário e plataforma IoT;

   ii. Entre dispositivo e plataforma IoT;

   iii. Entre dispositivos.

i. Baseado no item anterior, escolha uma plataforma IoT da Tabela 4.1.

j. Proponha um método de autenticação para o usuário desse sistema. Justifique.

k. Seria viável implementar o sistema usando o paradigma *Publish/Subscribe*? Em caso positivo, indique quais seriam os tópicos, quem publicaria e quem seria inscrito.

l. Como pode ser feito o gerenciamento de usuários durante todo seu ciclo de vida no sistema proposto?

m. Um sistema de controle de acesso e autorização nesse sistema se beneficia de uma abordagem usando tokens?

Respostas

1. Carros conectados a um sistema de cidade inteligente.

Há quatro respostas possíveis:

   a.

   Integridade: Tanto na comunicação entre carros quanto na comunicação entre carros e cidade, garantir a integridade dos dados é importante: dados falsos levam a tomadas de decisão equivocadas, como grandes congestionamentos (como já ocorreu em aplicativo de mobilidade urbana usado como guia de trajeto de carros), ou até acidentes, no caso da comunicação entre carros;

   Disponibilidade: Crítico para o *safety*. Como é um sistema crítico, que lida com vidas e cuja indisponibilidade pode, inclusive, gerar perdas financeiras enormes, é primordial o sistema estar disponível nos instantes de utilização;

   Autenticidade: Importante para evitar falarmos com uma entidade mal-intencionada. A autenticação deve ocorrer entre carros para controle local do trânsito e entre plataforma de cidade inteligente para evitar ataques;

   Confidencialidade: Para evitar que dados sensíveis de locais frequentados e caminhos mais utilizados fiquem expostos, é importante garantir a confidencialidade dos dados armazenados e em tráfego.

   b.

   Data liveness: Evita o ataque de replay, que poderia levar a acidentes;

   Escalabilidade: O sistema deve ser escalável e conseguir lidar com cruzamentos e locais de tráfego intenso, tanto na comunicação entre carros quanto dos carros com a cidade inteligente (que pode receber muitas requisições em paralelo);

> **Disponibilidade de serviço:** Especialmente importante para o sistema de cidade inteligente, a disponibilidade da gestão de tráfego como serviço é primordial para o funcionamento da cidade;
>
> **Resiliência contra perda de dispositivos:** O comprometimento de uma parte (um carro conectado, por exemplo) não deve comprometer o funcionamento do sistema como um todo.

c. Sim. Considere o exemplo de um controle remoto de um carro conectado em uma situação de perigo (se o motorista dormir ao volante, por exemplo). Um mecanismo de controle de acesso granular, com flexibilidade para suportar diversos níveis de acesso, deve ser implementado de forma que esse tipo de controle não se transforme numa vulnerabilidade que possa ser explorada por atacantes.

d. Um sistema de controle de acesso centralizado poderia ser implementado no sistema central da cidade inteligente; contudo, fatores como estabilidade da conexão dos carros e ponto único de falha devem ser considerados.

e. O controle de acesso distribuído poderia ser implementado em cada nó (carro) da rede. Contudo, convém observar que a orquestração dos diversos dispositivos, a mobilidade e o assincronismo entre requisições podem ser desafios relevantes nesses casos.

f.

Controle de acesso	Vantagem	Desvantagem
Centralizado	Simplicidade	Ponto único de falha
Distribuído	Modularidade	Complexidade

g. Mesmo que o ABAC seja o mais indicado para os cenários de IoT, aqui podemos pensar num controle de acesso RBAC. Os perfis seriam relacionados ao grau de privilégio de monitoramento, comunicação e controle dos demais carros conectados. Por exemplo, a entidade cidade inteligente, representada pelo seu sistema centralizado de controle, poderia ter um papel com alto nível de privilégio, pois deve ter visão da rede como um todo e tomar decisões de alto nível. Já os carros que compõem a rede podem ter menor nível de privilégio e conseguirem apenas ter acesso a dados dos veículos próximos (por exemplo, na mesma região delimitada por um determinado raio).

h.

    i. Imagine que temos gestores da cidade inteligente e pessoas comuns, que acessam o sistema e estimam tempos de trajeto. Uma autenticação fraca entre esses usuários e plataforma pode configurar numa vulnerabilidade, ainda mais se a política de acesso der um nível de privilégio muito alto para os usuários comuns. Neste caso, um ataque de personificação do usuário comum poderia ter consequências de tomadas de decisão próprias de gestores da cidade.

    ii. Uma autenticação fraca entre carros conectados e cidade inteligente pode ocasionar dados falsificados que podem levar a tomadas de decisão de tráfego equivocadas, causando engarrafamentos e deadlocks, configurando um verdadeiro caos na cidade inteligente.

    iii. Neste caso, uma autenticação fraca entre carros conectados pode levar a acidentes, trazendo risco não só aos usuários dos carros, mas aos pedestres da cidade também.

i. Como a política escolhida foi a RBAC e são necessários mecanismos de autenticação dos três tipos (usuário-plataforma, plataforma-dispositivo e entre componentes), a plataforma inicialmente escolhida foi a Oracle IoT.

j. Devido aos roubos de carros ocorridos na Europa (*keyless car theft*), observa-se que somente mecanismos de autenticação por proximidade não são suficientes. Assim, a autenticação proposta é a multifator, que combina um mecanismo biométrico no celular (reconhecimento facial, voz ou digital) com o mecanismo de aproximação do carro.

k. No caso do protocolo do tipo *Publish/Subscribe*, os carros poderiam publicar os dados de posição, enquanto o inscrito seria o sistema de cidade inteligente. Já para controle em alto nível dos carros, o sistema de cidade inteligente poderia publicar comandos e os inscritos seriam os carros. Os tópicos poderiam ser divididos por região, de forma que os comandos seriam direcionados para a região que os carros normalmente trafegam.

l. Assim que o carro conectado sai de fábrica, pode ser realizado seu registro. Quando o carro é comprado, a concessionária complementa o registro e provisiona o acesso ao sistema de cidade inteligente. O gerenciamento pode ser realizado juntamente com as manutenções periódicas necessárias ao bom funcionamento do veículo (troca de senha, por exemplo). A revogação ocorre caso o veículo fique fora de circulação (multas, venda, entre outros), e no caso de revenda, um novo provisionamento seria necessário. O carro seria desregistrado do sistema no seu descarte, ao fim de sua vida útil.

m. Os tokens poderiam ser implementados por viagem: o usuário poderia iniciar cada viagem realizada em seu celular, e o carro teria acesso ao sistema de mobilidade da cidade inteligente. Assim, acessos não contextualizados aos recursos do sistema seriam mitigados, o sistema priorizaria de fato quem mais está precisando dele. Lembrando que, em caso de falta de internet ou celular sem bateria, o carro continuaria ajudando o motorista a dirigir pela cidade, conversando com os demais carros para otimizar o trânsito local; porém, o sistema não conseguiria otimizar rotas longas.

2. Indústria 4.0, com máquinas e sensores diversos que ajudam a automatizar uma fábrica.

Há quatro respostas possíveis:

   a.

   Integridade: Essencial para o correto controle automatizado dos processos e corretude das informações contidas em dashboards para a tomada de decisão por operadores e gestores humanos;

   Disponibilidade: A disponibilidade do controle automatizado dos processos é fator crítico para os negócios da empresa. Sua indisponibilidade pode levar a perdas financeiras severas;

   Autenticidade: A autenticidade dos operadores e gestores deve ser verificada e, em conjunto com regras de controle de acesso bem definidas, evitar o controle mal-intencionado;

   Confidencialidade: Evitar que dados sensíveis em trânsito sejam obtidos por terceiros sem consentimento pode ser crítico para o aspecto competitivo da empresa (informações sigilosas de operação da fábrica e resultados);

   b.

   Data liveness: Para evitar ataques de replay locais na fábrica, que poderiam contribuir para cenários de falso negativo ou falso positivo;

   Forward secrecy: Necessário para que o comprometimento de uma chave de sessão posterior não signifique o comprometimento das sessões anteriores;

   Escalabilidade: Prever a adição de muitos outros sensores, possivelmente de tipos diferentes, para controle mais fino e maior tolerância a falhas (através de uma votação tripla, por exemplo *TMR*) e que o sistema consiga dar conta da carga.

c. Sim. A gestão do controle de acesso às máquinas é de suma importância para o bem-estar dos operadores e evita perdas financeiras devido ao controle mal-executado (seja por atacantes ou por desconhecimento). Níveis de privilégio devem ser previstos de acordo com as reais necessidades de cada agente no sistema.

d. Um sistema de controle de acesso centralizado poderia ser implantado em cada fábrica, que agiria de forma independente das demais, apenas de acordo com sua configuração específica. Um ponto importante é a tolerância a falhas: uma indisponibilidade de internet não deve causar falha no controle e monitoramento dos equipamentos.

e. Um controle de acesso distribuído poderia prever a coordenação de tomadas de decisão de alto nível entre plantas fabris. Com a mesma tolerância a falhas de conexão que a alternativa de controle de acesso centralizado, a integração de comunicação entre fábricas pode facilitar a atualização de regra de controle de acesso.

f.

Controle de acesso	Vantagem	Desvantagem
Centralizado	Simplicidade	Não prevê coordenação entre plantas fabris
Distribuído	Prevê coordenação entre plantas fabris	Complexidade

g. A aprovação por gestores de regras de acesso deve ser prevista. Uma política RBAC poderia ser implantada para a gestão dos níveis de controle para os perfis desejados (operador, gestor, coordenador, entre outros).

h.

    i. Entre usuário e plataforma IoT: essencial para evitar controle mal-intencionado, ou obtenção de informações sigilosas;

    ii. Entre dispositivo e plataforma IoT: importante para evitar a falsificação de dados, que são transformados em informações pelo sistema, e que então podem levar a ações equivocadas;

    iii. Entre dispositivos: para regras de automação e alerta mais simples, e mitigar ataques que resultem em falsos positivos (alarme tocar mesmo que esteja tudo certo, em situação análoga a um trote), a autenticação entre dispositivos pode ser empregada.

i. Uma possível escolha poderia ser a Amazon IoT, se o cenário previsto não requisitar uma autenticação entre componentes da plataforma. Ainda mais se os desenvolvedores estiverem mais familiarizados com ambientes de desenvolvimento deste fornecedor.

j. A combinação entre uma senha e um token (cartão) pode ser uma alternativa para controles críticos, e cartão para controles de menor criticidade. Quanto aos mecanismos de biometria, convém pensar na jornada do gestor, do responsável pela manutenção e do operário: quão fácil poderia ser fazer reconhecimento de digital ou face com capacetes e outros equipamentos de proteção? Esses equipamentos biométricos possuem a mesma performance se inseridos em ambiente mais hostil como um chão de fábrica?

k. Sim, os sensores diversos (inclusive relacionados a estados de atuadores, para feedback loop) poderiam publicar dados e os inscritos poderiam ser os sistemas de controle das diversas máquinas, de forma que os sistemas de controle somente se inscrevem nos tópicos que fazem sentido para sua tomada de decisão. Outros inscritos poderiam ser sistemas de dashboard. A comunicação entre plantas fabris também poderia ser realizada dessa forma. Uma preocupação é o nível de redundâncias e a questão do *broker* ser implantado localmente para tornar o controle das máquinas tolerante a falhas (idealmente, as máquinas deveriam também possuir um aspecto de modularidade, tanto para uma adoção incremental da solução quanto para que o mau funcionamento de uma máquina não impacte as demais de forma significativa).

l. O registro de máquinas poderia ser feito após sua compra e instalação na fábrica. O provisionamento de novos acessos deve ser realizado sempre que houver um agente que deva ter acesso a dados ou requisições de controle para a realização de suas funções. Por exemplo, a partir de diversos papéis já previstos, um papel pode ser atribuído ao novo usuário. O gerenciamento ocorre durante o ciclo de vida do usuário e máquina, enquanto a revogação do acesso do funcionário pode ocorrer no seu desligamento, e o desregistro da máquina pode ocorrer ao fim do seu ciclo de vida.

m. Em relação a requisições de atuação, o acesso por tokens pode ser uma alternativa interessante para que cada usuário obtenha somente o nível de privilégio mínimo para a execução de suas ações.

3. Agronegócio: o uso de uma estação móvel, como um drone que coleta dados de uma grande plantação e depois retorna à fazenda, que possui conexão com a internet.

   a.

      Integridade: Garantir que os dados coletados pelos sensores não foram alterados por interferências na comunicação entre sensores e drone, ou entre drone e estão de internet, ou até no armazenamento temporário no drone;

Autenticidade: Garantir que o drone está coletando dados de sensores legítimos e garantir para a plataforma Cloud que o drone é legítimo;

Confidencialidade: Garantir que dados sensíveis de condições da plantação não sejam obtidos por terceiros não autorizados.

b.

Data liveness: Para evitar situações como o drone mandar dados antigos por engano, ou um atacante realizar um ataque de *replay*;

Escalabilidade: Deve estar previsto o crescimento da carga e de sensores instalados, de forma a aproveitar a cobertura (por exemplo, com armazenagem e ciclos de coleta compatíveis.

c. Sim, o acesso aos dados coletados deve possuir um processo de autorização bem implementado, para evitar privilégios acima do necessário (o que poderia resultar no vazamento de dados críticos ao negócio, por exemplo).

d. O controle de acesso centralizado poderia ser feito na plataforma cloud que armazena os dados, e também possui o apoio de algoritmos que transformam os dados em informações.

e. Um controle de acesso distribuído poderia ser pensado se houver a necessidade de um operador (agricultor) ter acesso aos dados coletados *in loco* para alguma tomada de decisão mais rápida, com implantação em cada drone (poderiam ser previstas estações fixas que concentram os dados e que intermediariam os sensores e o drone).

f.

Controle de acesso	Vantagem	Desvantagem
Centralizado	Simplicidade	Não permite acesso aos dados *in loco*
Distribuído	Permite acesso aos dados *in loco*	Complexidade

g.

Por maior simplicidade, o RBAC poderia ser implantado para acesso às informações no dashboard.

h.

> i. Entre usuário e plataforma IoT: crítico para evitar o acesso às informações sigilosas coletadas (já que é um sistema de inteligência e transformação de dados em informações úteis para a tomada de decisão);
>
> ii. Entre dispositivo e plataforma IoT: importante para que não aconteça a inserção de dados falsificados na plataforma, que poderiam levar a ações equivocadas;
>
> iii. Entre dispositivos: não é tão relevante para o cenário apresentado.

i. Uma opção poderia ser a IBM Watson IoT, por permitir autenticação entre dispositivo e plataforma, entre componentes da plataforma e entre usuário e plataforma (com mais opções neste último, que é o mais crítico).

j. A autenticação pode ser multifator, com combinação de biometria (face, digital) e senha, para que a obtenção da senha por um ataque de engenharia social, por exemplo, não seja suficiente para o roubo das informações presentes na plataforma.

k. Sim, no caso o drone poderia publicar as informações para a plataforma, que seria responsável por repassar ao dashboard (o dashboard pode ser atualizado usando outros tipos de comunicações usuais), e a plataforma poderia também publicar alertas (anomalias em relação a valores históricos, por exemplo) e as aplicações de dashboard e mobile eventualmente poderiam se inscrever para receber esses alertas.

l. O registro e provisionamento de acesso pode ser realizado para cada novo gestor do agronegócio. O gerenciamento ocorre durante o período em que o gestor é responsável por aquele negócio, enquanto a revogação ocorre no caso de transferência, término de contrato ou desligamento por outro motivo. Já o desregistro pode ocorrer na desativação do agronegócio.

m. Sim, a autenticação do usuário pode ser temporária, de forma a evitar que um usuário esqueça o sistema aberto após autenticação e outro agente mal-intencionado possa obter os dados. Nesse cenário, a autenticação poderia ser requisitada novamente caso a sessão expire ou algum comportamento anormal seja detectado no uso da plataforma.

CAPÍTULO 5

SEGURANÇA DE IOT EM CLOUD

Este capítulo apresenta a arquitetura de um sistema IoT em Cloud, e seu objetivo é fornecer ao leitor uma visão crítica orientada à avaliação de risco e vulnerabilidades arquiteturais.

5.1 INTRODUÇÃO

Neste capítulo, iremos discorrer sobre segurança de sistemas de Internet das Coisas em nuvem. De que forma o paradigma de IoT — onde casa, carro e cidades se tornam conectados e inteligentes — pode tomar proveito dos recursos computacionais disponíveis em arquiteturas de computação em nuvem, que permitem a contratação de serviços, plataformas e infraestrutura de servidores remotos, tudo isso de forma segura.

A segurança se torna crítica quando pensamos na implantação de grandes sistemas responsáveis pela guarda e processamento de dados sensíveis. Quando esses dados são provenientes do cotidiano, a privacidade também se torna relevante: dados sensíveis podem estar trafegando até servidores longínquos, em outras geografias, garantir sua confidencialidade é primordial.

Considere o exemplo de um dispositivo IoT wearable (vestível), uma roupa IoT que monitora sinais vitais, como batimentos cardíacos. Esse dispositivo pode ser usado para que familiares monitorem um idoso e ele próprio possa monitorar sua saúde. Caso os dados sejam usados para inferir comportamentos e em propagandas publicitárias, é provável que tanto o idoso quanto os familiares não fiquem confortáveis com o ocorrido, podendo até configurar uma violação de privacidade. Ou pior, se houver um ataque *man-in-the-middle*, como iremos descrever em detalhes neste capítulo, os familiares podem sofrer com a situação de um falso positivo (o atacante fingiria que há uma emergência, de forma análoga a um trote).

Como não é possível tornar seguro um sistema cuja arquitetura é desconhecida (assim como é difícil tornar um cofre seguro se não soubermos como ele funciona), vamos começar conceituando a computação em nuvem: sua arquitetura, os modos como uma empresa pode contratar esse serviço para construir seu sistema. Em um segundo momento, relembraremos a arquitetura de um sistema IoT, para finalmente, com os dois conceitos em mente, conseguirmos entender como é a arquitetura de um sistema IoT em nuvem.

A partir do entendimento da arquitetura, passamos a tratar do aspecto de segurança desse sistema. Apresentamos a CSA, uma entidade referência em Cloud, que já vem publicando diretrizes para sistemas de IoT em nuvem, como ponto de partida para nossa discussão.

O próximo passo é entender as vulnerabilidades, as portas de entrada para possíveis atacantes. Se pensarmos no sistema como uma casa, um mecanismo de segurança seria uma cerca. Uma vulnerabilidade seria um buraco na cerca, ou um ponto onde a cerca é mais frágil, com menor resistência mecânica. Ainda não trataremos de ataques, e mostraremos a diferença fundamental entre ataques e vulnerabilidades: ainda no exemplo da casa, não é porque um habitante deixou o portão aberto ao sair que, necessariamente, ocorrerá um ataque. Contudo, o fato do portão ter sido esquecido aberto configura uma vulnerabilidade a ser explorada por um possível atacante.

Finalizaremos com alguns exemplos de ataques a sistemas de IoT em nuvem, para que o leitor se familiarize com alguns ataques mais comuns em sistemas desse tipo. Contudo, convém lembrar que a lista não é exaustiva: não basta mostrar que um sistema é resiliente a esses ataques para considerá-lo seguro. A análise do sistema como um todo, ao considerar a arquitetura, vulnerabilidades e possíveis novos ataques, deve ser realizada para verificação do nível de segurança . Assim como novas vulnerabilidades sempre surgem, novos ataques são realizados, configurando assim a segurança como algo dinâmico e relativo.

Espera-se que o leitor, ao final do capítulo, consiga analisar a segurança de sistemas de IoT em nuvem, traçar comparativos, justificativas, levantar vulnerabilidades e destacar cenários de ataque possíveis.

Adicionalmente, aspectos de avaliação de risco serão apresentados de forma sucinta, como a priorização de contramedidas, considerando as consequências de possíveis ataques. A ideia é que, ao privilegiar medidas de mitigação a ataques, seja possível reduzir o risco ao negócio envolvido na operação do sistema. O intuito é semelhante ao aspecto de mapeamento de ameaças presente num plano estratégico: priorizar ações que mitiguem os riscos mais relevantes. Voltando ao contexto de IoT, se há um possível ataque devido a uma vulnerabilidade presente na arquitetura de meu sistema, e ele tem abrangência de pôr em risco todas as camadas dessa arquitetura, posso priorizar contramedidas. Ao considerar o escopo dos ataques, entenderemos a gravidade das consequências relacionadas a eles.

Com certeza, a nuvem pode ser a plataforma indicada para armazenar e processar um grande volume de dados coletados por dispositivos IoT com um custo reduzido, de forma escalável [1]. Porém, o desafio é tomar parte desses benefícios de forma (mais) segura.

5.2. ARQUITETURA EM CLOUD

Segundo a NIST (National Institute of Standards and Technology), a "computação em nuvem é um modelo que torna possível o acesso a recursos computacionais que podem ser provisionados com o mínimo de esforços de gerenciamento sob demanda" (em tradução livre de [2]). Um CSP pode oferecer serviços como aprendizado de máquina, reconhecimento de voz, processamento de eventos, ferramentas de *data analytics*, mensageria e notificações, gerenciamento de bases de dados e serviços de segurança [3].

Nesse conceito, minimizar esforços de gerenciamento significa que esse estará sob responsabilidade do CSP (Cloud Service Provider). O CSP pode oferecer serviços aos seus clientes nas modalidades consolidadas de SaaS (Software as a Service), PaaS (Platform as a Service) e IaaS (Infrastructure as a Service), conforme ilustrado na Tabela 5.1.

Alguns exemplos de SaaS: e-mail, redes sociais e gerenciamento de documentos. São serviços a nível das aplicações, visíveis ao usuário final. Porém, perceba que o grau de personalização é limitado: ao usar uma ferramenta SaaS pronta de um CSP, como o Google, não é possível mudar e configurar tudo o que poderia ser desejado para uma determinada aplicação. Se, por um lado, é difícil personalizar e otimizar um SaaS, por outro, essa modalidade é caracterizada por ser um acelerador de desenvolvimento, com muitos módulos prontos para uso em sistemas comerciais.

O segundo nível (PaaS) possibilita um grau maior de personalização e controle, ao tornar possível alterar toda a aplicação (por exemplo, um e-mail personalizado), e também ao permitir algum controle sobre o ambiente de hospedagem (onde as aplicações em nuvem do seu sistema estão sendo executadas). Todavia, uma otimização necessária para cumprir um requisito de qualidade do sistema pode ser inviável nessa modalidade (por exemplo, troca de banco de dados para um mais recente com melhor tempo de acesso, ou então mecanismos de redundância para tolerar algumas falhas externas, como backup).

Na IaaS, o desenvolvedor pode controlar tanto as aplicações como o ambiente, de forma a não ser necessário terceirizar o gerenciamento do ambiente de hospedagem ao CSP, e realizar ações relacionadas a backup e armazenamento, algo que não era possível no PaaS.

Portanto, as modalidades se diferenciam em termos de nível de controle e abstração, constituindo um *tradeoff*: usualmente, quanto maior o nível de controle, menor o grau de abstração e, consequentemente, menos aceleradores de desenvolvimento estarão disponíveis. Quanto mais soluções de prateleira forem utilizadas (maior o grau de abstração), menor o nível de controle, personalização e otimização dos serviços. Esse *tradeoff* também tem implicações no nível de confiança: o *lock-in* e baixo nível de controle são fatores que levam a um baixo grau de confiança no sistema em Cloud [2].

Mas, afinal, o que é o *lock-in*? Também chamado de *vendor lock-in*, é a condição do engessamento do desenvolvimento do sistema a um determinado CSP. Pode ser interpretado como o grau de dependência de um sistema a um CSP. O *lock-in* pode ter consequências comerciais entre o cliente e o CSP; e de inflexibilidade de desenvolvimento de casos de uso futuros relevantes para o negócio.

Modelo	Nível de controle	Exemplos
Software as a Service SaaS	Somente é possível alterar configurações de aplicações específicas	E-mail, redes sociais, gerenciamento de documentos
Platform as a Service PaaS	Possível alteração de todas as aplicações e algum controle sobre o ambiente de hospedagem	Banco de dados, desenvolvimento, integração
Infrastructure as a Service IaaS	Possui controle das aplicações e ambiente, mas há controle limitado sobre componentes de rede	Backup, armazenamento, gerenciamento de serviços

TABELA 5.1: Modelos de computação em nuvem.

Para cada modelo, as relações entre diferentes atores presentes na forma Cloud são diversas, inclusive com influência nas relações de negócio entre as diferentes partes.

O primeiro ator é o consumidor, já citado anteriormente. É a empresa que deseja construir ou já possui um sistema que utiliza recursos de computação em nuvem. A operação do sistema é dependente, em parte ou no todo, dos recursos de computação em nuvem.

É importante diferenciar os clientes da empresa, que por sua vez é a consumidora dos recursos computacionais presentes em servidores remotos. Mesmo que a demanda por recursos esteja relacionada à demanda dos clientes em relação ao sistema da empresa consumidora em questão, o fornecedor dos recursos somente percebe a empresa consumidora como a entidade responsável por requisitar aqueles recursos. Dessa forma, podemos pensar que clientes da empresa consumidora são consumidores indiretos dos recursos, mas, neste texto, trataremos como consumidor a empresa que é responsável pela operação do sistema em Cloud.

Por exemplo, considerando um sistema de *e-commerce*, um grande aumento de demanda num evento como natal ou Black Friday será caracterizado como um aumento repentino de demanda do consumidor, relacionado à empresa responsável pelo *e-commerce*.

O segundo ator é o fornecedor, CSP (Cloud Service Provider). Ele é responsável pelo gerenciamento dos recursos dos servidores remotos para uso pelos consumidores. Esse ator fornece os recursos computacionais que possui e usa sua tecnologia e engenharia para fazer o melhor uso de sua infraestrutura. O CSP faz seus serviços atenderem ao requisito de elasticidade, por exemplo, com provisionamento dinâmico de recursos. Esse provisionamento dinâmico de recursos torna possível o atendimento a picos de demanda e evita que o consumidor tenha de pagar por uma capacidade ociosa (por exemplo, ao ter de provisionar — e pagar — pela quantidade de servidores que possam atender ao máximo de demanda de um sistema).

Para que os serviços de computação em nuvem, nas modalidades apresentadas (como serviço, como plataforma e como infraestrutura) dos fornecedores CSP possam ser entregues efetivamente aos consumidores, temos a figura do *carrier*. O *carrier* é responsável por fornecer acesso aos consumidores, possibilitando o transporte dos serviços do fornecedor.

Os *brokers* também são intermediários, mas de um ponto de vista mais comercial. Se, por um lado, temos os consumidores com suas necessidades específicas, do outro temos os fornecedores com seus serviços nas modalidades já descritas. É possível que não ocorra uma combinação perfeita entre os serviços fornecidos e a demanda do sistema do consumidor, ou que exista fricção comercial para a efetiva contratação dos serviços de computação em nuvem. O *broker* age nesse contexto como um facilitador comercial, inclusive com a possibilidade de combinar serviços de mais de um fornecedor para criar pacotes mais interessantes para algumas necessidades específicas. Considere o exemplo de um mercado: o *carrier* seria uma entidade que reúne os melhores produtos de fornecedores diferentes para o consumidor final, de forma a entregar um produto muito mais próximo de atender de fato as necessidades do cliente; e seria o responsável por lidar com a intermediação comercial entre o cliente final e os fornecedores.

O auditor é a figura do regulador. Como há determinadas regulações e padrões que devem ser seguidos na contratação de serviços de computação em nuvem, é dever do auditor independente verificar a conformidade a essas regulações e padrões. Por exemplo, se um novo padrão de segurança deve ser seguido, o auditor é quem irá atestar se os serviços de um fornecedor estão de acordo com o novo padrão ou não.

Mas como todos esses atores se comportam no modelo de Cloud? Para responder a essa pergunta, é essencial entender o conceito de SLA.

Um cliente pode escolher serviços em nuvem de um ou mais CSP para cumprir os requisitos específicos de seu sistema. Para cada serviço contratado com CSP diferente, o cliente e o CSP assinam um SLA (Service Level Agreement), que contém uma especificação dos níveis de serviço combinados e possui um aspecto legal (por exemplo, para cada infração em um nível de serviço preestabelecido, há implicações financeiras associadas). Portanto, o SLA contém nível de performance mínimo do CSP por serviço, ações corretivas e as consequências em caso de não cumprimento do contrato. Em especial, detalhes que devem ser revisados com cuidado nesses documentos dizem respeito a aspectos como acesso de usuários privilegiados, localização dos dados, suporte investigativo e viabilidade de longo prazo, entre outros (para maiores detalhes sobre SLA, vide [2]).

Por fim, devemos revisitar o conceito de hospedagem. Os serviços de computação em nuvem podem ser executados em servidores que seguem os modelos de nuvem privada, pública ou híbrida (combinação de hospedagem em nuvem pública e privada).

A nuvem pública é a modalidade mais simples: a hospedagem é completamente terceirizada, servidores que estão executando os programas e armazenando dados e informações dos sistemas dos clientes são compartilhados. Já na nuvem privada, o cliente possui um servidor próprio, com uso exclusivo de seus recursos computacionais. Assim, enquanto na nuvem pública é possível que um cliente sofra com uma disponibilidade menor em algum evento de grande demanda (a exemplo da Black Friday), os clientes de uma nuvem privada possuem exclusividade de uso dos servidores. Outro aspecto importante diz respeito à privacidade e segurança: enquanto no modelo de nuvem pública dados possivelmente sensíveis de sua aplicação estão armazenados em servidores de uso coletivo, no modelo de nuvem privada os dados são armazenados em servidores de uso exclusivo. Tal aspecto pode ser relevante para a opção de uma empresa por um modelo de nuvem privada ou pública.

Em geral, grandes empresas tendem a se beneficiar da nuvem privada, enquanto empresas de médio e pequeno porte escolhem uma nuvem pública ou híbrida, uma vez que o investimento inicial em uma nuvem privada pode ser proibitivo, principalmente para empresas nascentes como startups.

A Tabela 5.2 resume os atores da arquitetura de computação em nuvem e suas descrições sucintas.

Ator	Descrição
Consumidor	Cliente que usa os serviços em nuvem fornecidos pelo CSP, com nível de serviço descrito pelo SLA
Fornecedor	CSP é o responsável por provisionar os serviços em nuvem aos clientes, através de seus recursos computacionais
Carrier	Responsável por conectar consumidores e fornecedores, proporcionando acesso aos consumidores e transporte de serviços de fornecedores
Broker	Intermediário que gerencia os relacionamentos comerciais, oferece pacotes de serviço, possivelmente de mais de um fornecedor, para facilidade de uso pelo consumidor
Auditor	Auditor independente, responsável por assegurar o enquadramento e conformidade dos serviços em nuvem a regulações e padrões

TABELA 5.2: Atores de uma arquitetura de computação em nuvem. Adaptado de [2].

Uma arquitetura de referência da NIST (National Institute of Standards and Technology, ou Instituto Nacional de Padrões e Tecnologia dos EUA, em tradução livre) sintetiza os conceitos abordados de forma visual, conforme Figura 5.1.

Nesta arquitetura de referência, estão presentes os atores anteriormente descritos: o consumidor dos serviços de computação em nuvem, o fornecedor, o *broker* como intermediário comercial, o *carrier* como responsável pela entrega dos serviços e o auditor que verifica o cumprimento das regulações e padrões, bem como os modos de hospedagem. Observe que as modalidades de oferecimento, como SaaS e IaaS, também estão presentes, organizadas de forma hierárquica: o software, com maior grau de abstração usa como base uma plataforma que, por sua vez, usa uma infraestrutura como base.

Por exemplo, um consumidor pode contratar um e-mail como SaaS de um CSP sem precisar da intermediação de um *broker* externo, cujo nível de serviço será o acordado pela SLA, com serviços hospedados em uma nuvem pública. O acesso do consumidor ao sistema será responsabilidade do *carrier*, enquanto o auditor fica responsável por verificar a conformidade das regulações e padrões.

SEGURANÇA EM IOT

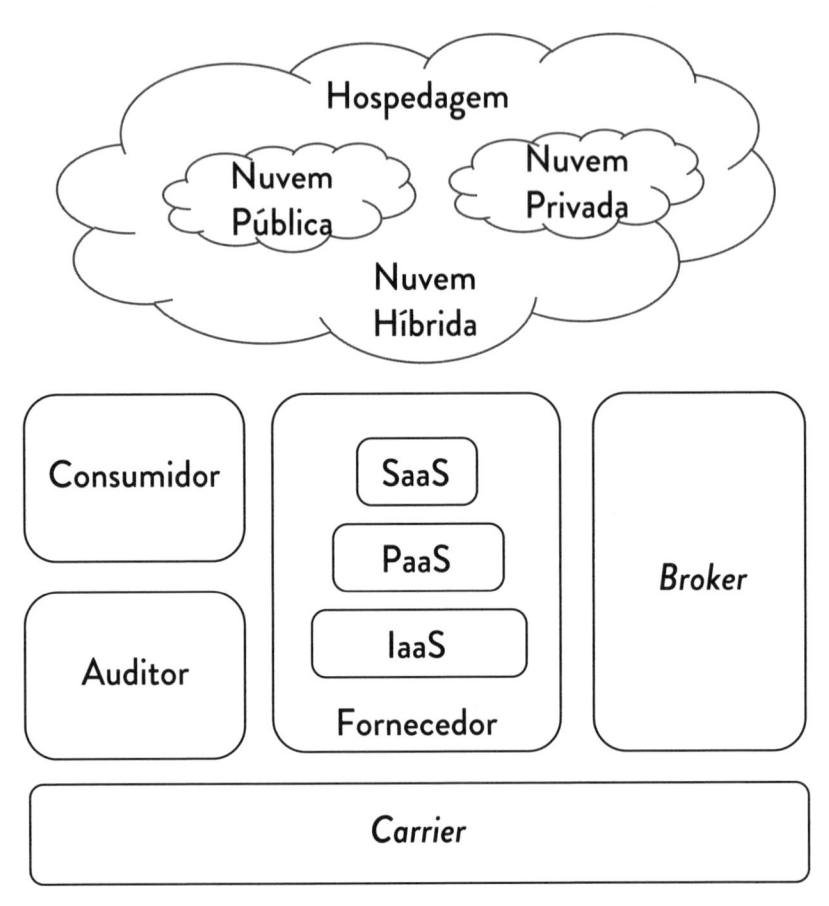

FIGURA 5.1: Arquitetura de referência para computação em nuvem. Adaptado de [2].

Agora que entendemos a arquitetura de sistemas em Cloud, iremos direcionar a discussão para o entendimento da arquitetura de sistemas IoT.

Relembrando, a arquitetura de sistemas IoT pode ser dividida em quatro camadas [4]:

1. **Camada de sensoriamento:** Interface com o mundo físico. É caracterizada pelo uso de sensores para coleta de dados do ambiente (um sensor de temperatura, por exemplo) e atuadores para operar no mundo físico (como exemplo, considere uma tomada inteligente, capaz de ligar e desligar equipamentos até determinado nível de

potência). Tem capacidade computacional limitada (processamento e memória), além de possível limitação de energia (bateria);

2. **Camada de rede:** Transmissão dos dados coletados através de rede de comunicação. No cenário de casa conectada, dados de sensores de presença espalhados por todos os ambientes devem ser transmitidos para que sejam agregados e transformados em informações relevantes para o sistema;

3. **Camada de middleware:** Intermediário entre as camadas de rede e aplicação, responsável por eventuais traduções e compatibilização de formatos. Para que os dados possam ser consumidos pelas aplicações, eles devem atender a formatos preestabelecidos, e o middleware entra como responsável por esse processo de compatibilização. Uma analogia é a compatibilização de dados de temperaturas medidas em um sensor importado de °F para °C.

4. **Camada de aplicação:** Os dados são, enfim, transformados em informações e utilizados em sistemas como casas inteligentes, redes elétricas inteligentes, cidades inteligentes, dentre outros. Essas informações são por diversas vezes usadas para tomada de decisão ou uso por parte do sistema (para otimizar um algoritmo de mobilidade urbana, prever demanda etc.), ou pelos usuários (fornecer informações de tráfego na cidade em tempo real através de uma aplicação mobile, por exemplo).

Para ilustrar como as duas arquiteturas de referência estão relacionadas, vamos considerar como exemplo uma arquitetura de casa inteligente, com sensores diversos (presença, luminosidade), lâmpadas como atuadores e suporte a serviço de automação (com o tempo, a casa consegue automatizar o controle das luzes, obtendo o melhor compromisso entre conforto e economia).

Nesse sistema, os dados oriundos dos sensores de presença e luminosidade espalhados pela casa são coletados e concentrados em um hub, que compatibiliza os diversos protocolos de comunicação usados pelos sensores e padroniza o formato dos dados, atuando portanto como um middleware.

Através da rede, os dados são transportados até uma plataforma de computação em nuvem, onde a aplicação de automação residencial é executada com o auxílio de algoritmos de inteligência artificial (treinamento mensal e inferência sob demanda, por exemplo).

Na nuvem, o serviço de automação residencial é feito por uma empresa especializada em SaaS para automação residencial. Essa empresa de inteligência de casas conectadas se caracteriza como cliente da arquitetura em nuvem. Por escolha da empresa, o fornecedor oferece o serviço de aprendizado de máquina (SaaS), com os dados e aplicação sendo hospedados em uma nuvem pública.

Por meio do SLA, a empresa de inteligência de casas conectadas garante a disponibilidade de serviços às casas consumidoras de sua aplicação. O fornecedor tem seus serviços auditados pelo auditor, atua também como *broker* e possui outro SLA para garantir a disponibilidade de acesso dos consumidores aos seus recursos, através do *carrier*.

A arquitetura do sistema hipotético de automação residencial encontra-se ilustrada na Figura 5.2.

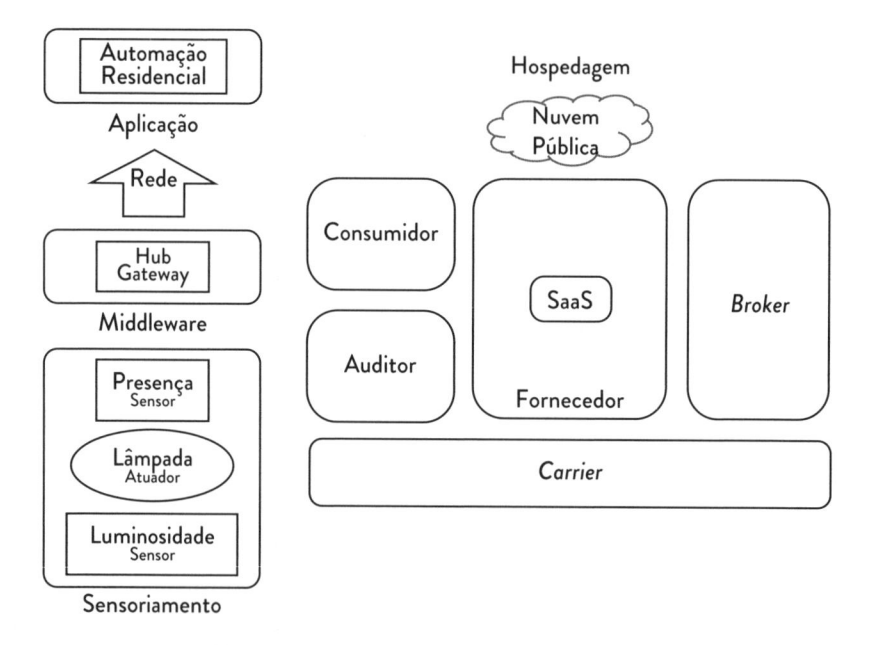

FIGURA 5.2: Exemplo de arquitetura de sistema de automação residencial.

5.3 CLOUD SECURITY ALLIANCE

Após uma visão geral da arquitetura Cloud e arquitetura IoT, e como os dois conceitos podem ser usados para a compreensão de uma arquitetura de IoT em Cloud, passamos a explorar aspectos de segurança.

Como primeiro passo, apresentamos a CSA. A Cloud Security Alliance (CSA) é uma organização que provê diretrizes para a segurança de sistemas baseados em computação em nuvem. Suas publicações vêm discorrendo sobre identificação de vulnerabilidades e análises relacionadas.

Em relação a IoT, a CSA já possui algumas publicações discorrendo sobre melhores práticas e pontos de atenção sobre segurança de sistemas IoT em nuvem. Merece destaque um framework para análise e implementação de sistemas IoT orientando a melhores práticas, a partir de uma avaliação de risco [5, 6]. Neste contexto, o conceito de risco está associado à questão de impacto, de gravidade das consequências dos possíveis ataques.

Esse framework prevê a execução das seguintes etapas:

1. Avaliação do grau de risco através da estimativa de seu impacto (alto, médio ou baixo), levando em consideração aspectos de confidencialidade (impacto se dados presentes no sistema se tornassem públicos); integridade (impacto se dados forem modificados ou destruídos) e disponibilidade (risco associado à não operação do sistema), observando os cenários e relevância do sistema em jornadas críticas (por exemplo, um sistema bancário ou de alerta de saúde podem exigir um padrão alto de segurança);

2. A partir da avaliação de risco, determinar os mecanismos de controle necessários para a segurança do sistema. A ideia é que o primeiro passo para mitigar riscos seja controlar, no sentido de ter visibilidade dos riscos associados, e implementar contramedidas de acordo com as prioridades levantadas na primeira etapa.

Os mecanismos de controle previstos podem ser classificados em:

a. **Tipo:** Assim como descrito na ISO25010 [7], que disserta sobre qualidade de sistemas de software, o framework da CSA prevê três tipos de mecanismos de controle de segurança:

   i. Prevenção: prevenir que um ataque ocorra (uma analogia na área da saúde seria uma vacina);

   ii. Detecção: identifica e caracteriza incidentes (novamente no contexto médico, seria o equivalente ao diagnóstico);

   iii. Correção: busca mitigar o impacto dos incidentes após sua detecção (seria o equivalente a um antibiótico).

b. **Implementação:** A depender do nível de automação, podemos ter controle:

   i. Manual: executado por humano, usualmente com validação por um supervisor também humano;

   ii. Automático: ocorre sem a necessidade de atuação de um humano;

   iii. Semiautomático: consiste na combinação de ações humanas e automáticas.

c. **Frequência:** A depender de níveis de risco ou por requisitos de compliance, a frequência dos controles de segurança pode variar entre:

   i. Anual;

   ii. Mensal;

   iii. Semanal;

   iv. Diário;

   v. Eventual (sob demanda);

   vi. Contínuo (ocorre diversas vezes ao dia).

Dessa forma, a partir do entendimento dos impactos que ataques cibernéticos ao sistema de computação em nuvem podem ter nos negócios, para então priorizar e implementar mecanismos de controle, temos um ponto de partida para analisarmos o aspecto de segurança de sistemas IoT com arquitetura em nuvem.

5.4. PRINCIPAIS VULNERABILIDADES

Após a apresentação do framework da CSA, iremos abordar em detalhes as vulnerabilidades. Relembrando, vulnerabilidades são as portas de entrada para os atacantes, pontos onde a arquitetura do sistema está mais suscetível a ataques.

Considerando o ciclo de vida de um sistema IoT, podemos destacar três momentos necessários para a sua operação. Envolvem procedimentos que, se mal desenvolvidos, podem se transformar em ameaças à segurança do sistema.

O processo de *onboarding*, ou também chamado processo de configuração inicial de dispositivos IoT, que ocorre durante sua instalação, pode se configurar como uma vulnerabilidade, pois neste momento o nível de segurança é comumente mais baixo. A OWASP, organização de destaque na área de segurança, considera essa insegurança das configurações de fábrica de dispositivos IoT como um dos principais pontos de atenção para a segurança de sistemas IoT [8].

No contexto residencial, por exemplo, a insegurança das configurações default é agravada por ato frequente, porém muito perigoso, dos clientes deixarem as configurações de fábrica em seus dispositivos. Para se ter uma ideia do problema, basta pensar quantos usuários costumam usar senhas como "123456", deixam a senha *default* em suas redes Wi-Fi residenciais, e que atitude esse perfil de usuário pode ter em relação aos dispositivos Wi-Fi que estarão presentes em seu cotidiano, tais como lâmpadas e cafeteiras inteligentes.

O momento de configuração inicial realmente se faz crítico ao considerarmos a conexão desses dispositivos aos sistemas de computação em nuvem, mesmo que o usuário siga a recomendação de troca de credenciais. Por exemplo, no processo de instalação de uma cafeteira inteligente com a Cloud, caso a rede Wi-Fi esteja sofrendo um ataque silencioso (inclusive, de difícil detecção), é possível que um atacante obtenha as credenciais usadas para conexão do dispositivo IoT com o sistema Cloud. Dessa forma, o atacante poderia impedir acessos futuros do dispositivo legítimo ao sistema (ao trocar as credenciais), fingir ser o dispositivo legítimo e falsificar dados, dentre outros cenários nocivos para a operação do sistema e bem-estar de seus usuários.

No contexto empresarial, a CSA (mesma entidade apresentada na seção anterior), por meio de um grupo de trabalho dedicado para IoT (IoT Working Group), faz a recomendação de não instalar dispositivos IoT em organizações sem antes trocar seu acesso administrativo *default* [9]. Isto é, a partir do momento em que espaços inteligentes conectados são criados em organizações, é de suma importância que os dispositivos IoT que formam esses espaços passem por um processo de instalação seguro. Neste cenário de risco em empresas, pode-se dizer que essa vulnerabilidade pode ser tão relevante quanto foi o risco associado à tendência de BYOD (Bring Your Own Device). Com o BYOD, sistemas empresariais enfrentam o desafio de lidar com as vulnerabilidades presentes em dispositivos pessoais.

O mesmo middleware, responsável pela compatibilização entre diferentes formatos de dados e protocolos de comunicação (como descrito anteriormente, na seção de arquitetura de sistemas IoT) pode também ser uma vulnerabilidade. Para atuar na compatibilização entre protocolos de comunicação, os gateways (dispositivos) da camada de middleware têm de decriptografar mensagens de um protocolo e recriptografar as mensagens em outro protocolo. Dessa forma, se o gateway for comprometido, todas as mensagens que passarem por ele poderão ter seu conteúdo totalmente exposto. Num cenário ideal, somente o destinatário final deveria conseguir descriptografar as mensagens através de uma criptografia fim-a-fim (de forma a garantir a confidencialidade das mensagens). A falta de criptografia e controle de acesso a dados sensíveis também faz parte das maiores preocupações da OWASP, conforme relatório emitido em 2018 [10]. Por exemplo, num sistema de casa conectada com sensores de temperatura e chama para detecção de fogo, alerta via notificações em smartphone e central de segurança da empresa fornecedora da solução, é possível que na tomada de decisão, o mecanismo que pondera sobre a normalidade ou anormalidade das informações coletadas somente consiga interpretar dados em determinado formato. Mesmo com a implementação de mecanismos de criptografia pelos nós sensores, a decriptografia por um gateway intermediário é uma vulnerabilidade, pois ainda que também seja implementada uma criptografia entre o middleware e a aplicação, caso o middleware seja comprometido, a segurança dos dados é comprometida.

Seja para fazer um patch, corrigindo alguma funcionalidade que não está se comportando da maneira devida, ou para aumento de funcionalidades ou até personalização, updates de firmware são necessários para a constante atualização dos dispositivos IoT. A evolução do carro usual para o carro conectado, com perspectiva para o carro autônomo, irá consolidar essas atualizações com maior frequência e relevância. Contudo, caso não seja implementado de forma segura, pode se tornar uma grande vulnerabilidade, uma oportunidade para o comprometimento de dispositivos IoT com códigos maliciosos, que viabilizam ataques como DDoS, explicado em seção posterior. Para que atacantes não se passem pelos fabricantes e realizem os updates de firmware nos dispositivos em campo, é imperativo a implementação de mecanismos como gerenciamento de versões e validação de assinaturas. Ainda sobre essa questão de atualizações, a OWASP destaca as vulnerabilidades de falta de criptografia da nova versão em trânsito e falta de notificações de mudanças de segurança ao usuário devido às atualizações [10]. No primeiro caso, a falta de criptografia das novas versões a serem atualizadas também deixa o sistema vulnerável a ataques do tipo *man-in-the-middle*, que será explorado adiante.

Assim, ao entender as vulnerabilidades como sendo os pontos fracos que fomentam ataques aos sistemas, iremos passar às limitações dos dispositivos de IoT, que tornam impossível o emprego de técnicas e algoritmos de segurança tradicionais nos sistemas emergentes de IoT, e como se relacionam com a segurança em nuvem.

5.5. EXPLORANDO CLOUD SECURITY

Quando pensamos na implementação de mecanismos de segurança em sistemas IoT em Cloud, o que de fato os torna diferentes dos sistemas Cloud tradicionais? Quais são os desafios que a tendência de IoT traz para a computação em nuvem? Esses desafios podem ser solucionados tanto em hardware ou software nos dispositivos propriamente ditos, quanto nos grandes agrupamentos e comunicação em nuvem?

Para começar, cada dispositivo IoT possui capacidades computacionais limitadas se comparadas a computadores convencionais. Seu processamento, armazenamento e banda de comunicação são restritos, e em muitos casos de uso compartilhado. Por exemplo, o emprego de algoritmos de criptografia, que exigem muito dos recursos computacionais, encontram nesse ponto uma grande barreira. Integrar diversas aplicações no dispositivo IoT e ainda conseguir multiplexar sua capacidade reduzida de processamento, memória e comunicação são desafios complexos.

Neste cenário, a situação se torna ainda mais complicada se considerarmos a limitação de energia desses dispositivos, que podem ser sensores sem fio, cuja fonte de energia é uma bateria (inclusive, existem ataques que visam o esgotamento da bateria de sensores, como forma de prejudicar a disponibilidade do sistema: se alguns dos sensores usados para detectar uma invasão gastar toda sua bateria, o sistema fica inoperante). A competição se torna ainda mais injusta se pensarmos que os atacantes podem utilizar computadores conectados à energia, com capacidade computacional muito maior que os dispositivos IoT.

Outra questão é a escalabilidade dos dispositivos IoT. No futuro, com dispositivos IoT espalhados em casas, escolas, fábricas, empresas e cidades, teremos um número enorme de dispositivos conectados à rede. Não só o número de dispositivos tende a crescer de forma acelerada, mas também o tráfego de dados correspondente. Se o paradigma de IoT envolve a conexão não só de um sensor com um sistema, mas também a expansão para conexão entre sistemas sem uma entidade central, podemos ter um crescimento exponencial das conexões entre sistemas, e assim, de seu tráfego associado. Tal crescimento, possível de n sistemas para m outros sistemas, é análogo à diferença entre as topologias estrela e todos-com-todos. No todos-com-todos (que seria o análogo ao caso do crescimento de conexões entre dispositivos, usuários e dispositivos IoT), cada entidade pode se conectar com todas as demais de forma direta, enquanto na topologia estrela todas as entidades se conectam a uma entidade central. Outra preocupação está relacionada ao surgimento de novas vulnerabilidades: se cada nova comunicação (ou padrão de comunicação, como evidenciado pela pluralidade de protocolos de comunicação existentes para IoT) pode ser um canal vulnerável a ataques, a complexidade de gerenciamento da IoT no médio e longo prazo pode ser um desafio enorme.

E é este gerenciamento de dispositivos que se configura como um problema mais abrangente que a vulnerabilidade de *onboarding* citada anteriormente. Com dispositivos restritos, com capacidades limitadas, como adicionar e remover dispositivos IoT da plataforma Cloud de forma segura?

Por fim, a mobilidade, caracterizada por cenários de dispositivos IoT móveis, como o caso de wearables, drones e carros conectados em cidades inteligentes. Isso é um grande desafio para protocolos de autenticação (vide Capítulo 4): como podemos ter algoritmos que consigam aumentar nossa crença de que um dispositivo é legítimo, que ele é quem diz ser, num cenário de mobilidade? Por exemplo, para o caso do carro conectado chegando numa casa conectada, como a casa pode ter certeza da identidade do carro? Que ele não é um outro carro, buscando se passar pelo legítimo?

A Tabela 5.3 resume os desafios citados.

Desafio	Descrição
Dispositivo limitado	Limitações de memória e processamento de dispositivos simples de IoT como sensores e atuadores tornam inviável a aplicação de operações complexas nesses dispositivos
Energia limitada	Mesmo em caso de bateria, o fornecimento de energia pode ser limitado para cada dispositivo IoT
Escalabilidade	O número de dispositivos IoT cresce exponencialmente, bem como o tráfego de dados correspondente
Mobilidade	Diversos dispositivos podem não apresentar um local fixo, como no caso de wearables (exemplo, smartwatch)
Dispositivos heterogêneos	Há uma pluralidade de protocolos de comunicação e tecnologias utilizadas (exemplo, Bluetooth, Wi-Fi, RFID)
Gestão de dispositivos	Se um dispositivo é adicionado ou removido, deve haver a gestão desse dispositivo de forma segura

TABELA 5.3. Desafios de segurança para arquitetura IoT em nuvem, conforme [11].

5.6. PRINCIPAIS ATAQUES DE IOT EM CLOUD

Iremos listar alguns ataques comuns à arquitetura combinada de IoT com computação em nuvem, a título de exemplos (importante relembrar que a lista da situação atual com a multiplicidade de sistemas de IoT existentes não é exaustiva, tampouco tem condições de cobrir todos os tipos de ataques futuros que estão por vir).

Os ataques selecionados foram classificados entre cinco grandes categorias: roubo de credenciais de acesso dos usuários, ataque de negação de serviço, *man-in-the-middle* (ou homem no meio, em tradução livre), injeção SQL e personificação em nuvem.

1. **Roubo de credenciais de acesso:** O primeiro ataque está relacionado ao conceito de engenharia social. Tomando como exemplo um

ataque de phishing, no qual os usuários legítimos são enganados para fornecer suas credenciais de acesso aos atacantes, o conceito de engenharia social envolve diversas etapas [12]: identificar vítimas, obter informações sobre elas, enganá-las, executar o ataque a partir das credenciais obtidas e, ao final, limpar rastros do ataque para dificultar o rastreamento futuro. Ataques desse tipo estão cada vez mais frequentes, e acabam por afetar negativamente a confiança do público em geral em serviços de computação em nuvem [2].

Assim como em qualquer outro sistema de Tecnologia da Informação, o comprometimento de informações de acesso dos usuários (login e senha) obtidos através de ataques de phishing afeta a segurança do sistema IoT como um todo.

Por exemplo, a plataforma IFTTT é muito usada por entusiastas de automação residencial para realizar a integração de dispositivos IoT e serviços Cloud diversos de fornecedores diferentes. Nessa plataforma, os usuários podem integrar, por exemplo, comandos de interfaces conversacionais como Alexa ou Google a atuadores físicos, como uma lâmpada inteligente conectada.

Imagine que um usuário seja enganado e acesse **LFTTT** (com l em vez de i) ao invés de IFTTT. Nesse caso, a partir do roubo das credenciais de acesso, um atacante pode roubar informações sigilosas visualizando o histórico de interações presente na plataforma e não ser detectado por um longo período de tempo; impossibilitando o usuário legítimo de acessar a plataforma ao trocar a senha; ou até criando regras de integração e automação que tenham impacto nocivo ao bem-estar dos residentes ou na correta operação dos sistemas (imagine a desativação total das regras de automação de uma casa inteligente, ou a criação de uma regra que cause a troca de estado ininterrupta numa lâmpada conectada).

Podemos conectar o exemplo ao conceito de engenharia social abordado anteriormente: em um primeiro momento, o atacante seleciona o perfil das vítimas que deseja abordar. No exemplo, seriam entusiastas de casa conectada com dispositivos instalados e que utilizam a plataforma IFTTT para gerenciamento de regras de automação. Para o engajamento das vítimas, o atacante pode mandar e-mails de interesse (como "aprenda essa nova regra de automação que está revolucionando!"). Ao acessar a plataforma falsa, o usuário na verdade está entregando suas credenciais de acesso aos atacantes, que podem usá-las para acessar o sistema e causar os estragos citados anteriormente.

Outras possibilidades de obtenção de credenciais de acesso estão ligadas às vulnerabilidades já citadas, como o uso de senhas *default*, fracas e até não mutáveis [10], que tornam fácil a obtenção de acesso por meio de ataques de força bruta. No caso de senhas *default*, basta o atacante saber qual a senha de fábrica dos dispositivos que ele deseja invadir.

Ataques de troca de senha ou ataques de força bruta offline aos dispositivos também são outros casos relevantes [11];

2. **DoS/DDoS:** A partir das vulnerabilidades que facilitam o comprometimento de dispositivos com códigos maliciosos, como vulnerabilidades presentes no mecanismo de update de firmware, atacantes podem tomar o controle de dispositivos IoT instalados em cidades, casas e fábricas, e coordenar um ataque a outro sistema.

Em um primeiro momento, é importante conceituar e diferenciar um ataque de DoS de um ataque de DDoS. Em ataques de DoS (Denial of Service), um atacante usa recursos sob seu controle para fazer o sistema ou parte dele indisponível às entidades legítimas [11]. Num ambiente Cloud o atacante pode forçar o serviço a consumir mais recursos que os limites preestabelecidos na plataforma de computação em nuvem [2]. Por exemplo, a partir do comprometimento de dispositivos de um sistema de casa conectada, o atacante pode tornar o sistema da casa indisponível aos habitantes (usuários legítimos do sistema), ao fazer os dispositivos de IoT sob seu controle demandarem recursos em excesso de sua plataforma. Neste caso, um usuário legítimo pode não conseguir acessar o sistema enquanto os dispositivos IoT maliciosos realizam muitas requisições para a plataforma em Cloud. Para se ter uma ideia de sua relevância, a CSA vem listando o DoS como uma das dez maiores ameaças à computação em nuvem (2010, 2013 e 2016) [2].

Já quando milhões de dispositivos conectados são usados para coordenar ataques de negação de serviço distribuído (DDoS), seu impacto ocorre numa escala muito maior. Imagine se todas as lâmpadas inteligentes de um país fossem infectadas por um vírus, e que esse vírus fornecesse todo o controle a hackers. Quando quisessem fazer um ataque coordenado a um sistema de grande escala, como bancário ou governamental, bastaria mandar todos os dispositivos infectados atacarem o sistema-alvo ao mesmo tempo. Tais ataques podem passar despercebidos aos habitantes de casa conectada com lâmpadas hackeadas; e para o sistema sob ataque, é difícil identificar o atacante, pois se trata de um ataque em escala de milhões de lâmpadas conectadas, e assim ações de mitigação também podem ser de difícil mitigação (conforme ilustrado na Figura 5.3). Ataques de *botnet* como o do exemplo já vêm ocorrendo em sistemas reais (Mirai, Hajime, Reaper). Em 2016, estima-se que o ataque Mirai infectou cerca de 2 milhões e meio de dispositivos para coordenar um ataque de DDoS.

Com o aumento do número de dispositivos conectados (desde computadores, smartphones até dispositivos IoT instalados nos mais diversos ambientes), se esses dispositivos não tiverem um mecanismo de update de firmware seguro, é possível que ataques de negação de serviços distribuídos aumentem consideravelmente, com impactos não restritos aos sistemas de IoT, mas sim aos sistemas Cloud de maneira geral;

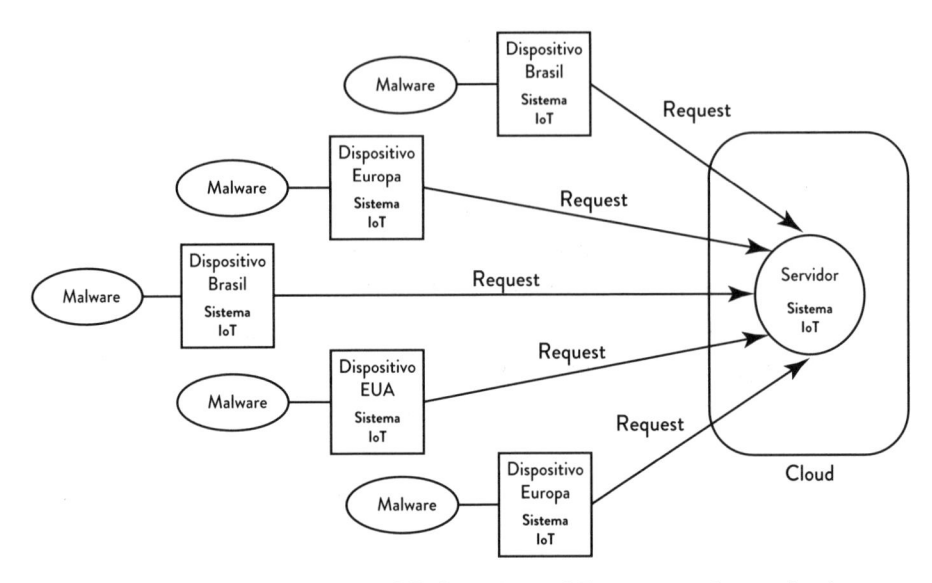

FIGURA 5.3. Exemplo de ataque DDoS em sistema IoT com escopo internacional.

3. **Man-in-the-middle:** No ataque de "homem no meio", em tradução livre, um atacante intercepta a comunicação entre duas entidades legítimas, que acreditam estar se comunicando diretamente [12].

Considere um protocolo do tipo *Publish/Subscribe*. Este tipo de protocolo funciona de forma análoga a uma plataforma de *streaming* de música ou vídeo, ou uma rede social. Os criadores de conteúdo publicam novos conteúdos em seus canais/rádios. Se um usuário se inscrever nesse canal, irá passar a acompanhar as futuras publicações. De forma análoga, neste tipo de protocolo, dispositivos de IoT podem publicar e se subscrever em tópicos de interesse. Por exemplo, um módulo de automação de ar-condicionado da casa conectada pode se inscrever em um tópico de temperatura da casa. Quando há alterações significativas de temperatura, um ou mais sensores podem publicar a nova informação no tópico, o módulo de automação ser notificado do evento e realizar uma automação mais otimizada, visando um compromisso entre conforto térmico e consumo de energia elétrica, por exemplo.

No MQTT, que é um protocolo do tipo *Publish/Subscribe* para IoT, entidades chamadas *brokers* intermediam as comunicações (entre dispositivos IoT que publicam informações e dispositivos IoT que escutam as informações publicadas nos tópicos em que têm interesse). Se o *broker* for controlado pelo atacante , ele pode ter completo domínio do fluxo de informação sem que os dispositivos/sistemas IoT percebam. Assim, o atacante pode atrasar, alterar ou eliminar mensagens trocadas por entidades legítimas, configurando um ataque *man-in-the-middle* [11].

Considere o exemplo da Figura 5.4. Na casa conectada, quem publica no tópico "Temperatura" é um dispositivo IoT sensor de temperatura. Quando há variação relevante, o sensor publica uma nova informação: na Figura 5.4, o sensor indica o evento de troca de temperatura, com a atual de 23°C. O *broker* repassa essa atualização a todas as entidades inscritas, como um sistema de alarme. Com a temperatura de 23°C, o sistema de alarme considera um estado normal e não ativa alerta de qualquer tipo. Com o comprometimento do *broker*, assim que o sensor de temperatura enviar 23°C ao tópico, ele pode repassar como 43°C. Esse dado adulterado pode culminar num falso positivo, num cenário em que o alarme detecta uma situação anormal e emite alertas de acordo;

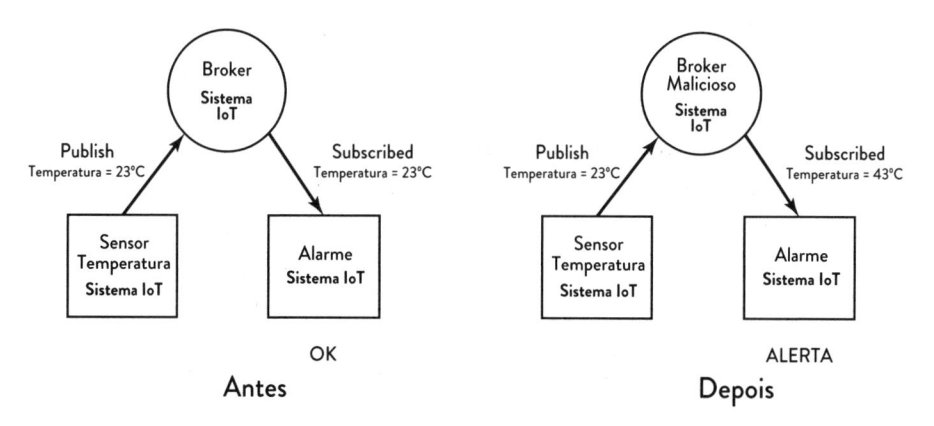

FIGURA 5.4. Exemplo de ataque *man-in-the-middle*.

4. **SQL Injection:** Através de código malicioso em SQL, atacantes podem obter dados privados ou até alterar registros na base de dados. Nesse ataque, há a injeção de código malicioso numa requisição válida em SQL, modificando o *request* legítimo em SQL do cliente web ao servidor de aplicação [2].

   A alteração das requisições a plataformas de banco de dados pode ter como consequência o acesso a dados de forma não autorizada. Num nível mais crítico, pode envolver a alteração ou destruição de dados. Por exemplo, uma entidade que deveria somente ler dados (idade da pessoa) para processá-los e tomar uma decisão pode ter suas requisições alteradas para que o atacante tenha acesso a outros dados sigilosos (endereço, telefone, nome, CPF, entre outros). Se o sistema somente autorizar essas consultas verificando se quem pediu é uma entidade legítima, e não implementar políticas de controle de acesso e autorização a dados sensíveis (vide Capítulo 4), esse tipo de ataque pode acontecer.

   A OWASP lista o ataque de *injection* como uma das dez maiores ameaças à segurança a nível de aplicação em 2010, 2013 e 2017 [2];

5. **Cloud Impersonation:** Um ataque de personificação é caracterizado pelo atacante tentando se passar por uma entidade legítima. Por exemplo, em comunicações entre componentes de um sistema, um atacante pode tentar fingir que é uma entidade legítima. Uma das classificações de entidades que podemos fazer num sistema IoT é a separação em três tipos: usuário, dispositivo e plataforma. Um atacante pode fingir ser uma plataforma e enganar dispositivos para roubar dados sensíveis, privados; ser um dispositivo para obter acesso ao sistema ou falsificar dados; ou fingir ser um usuário para a plataforma, como meio de adquirir acesso não autorizado (um caso seria o atacante fingir ser um usuário legítimo que esqueceu suas credenciais e explorar uma vulnerabilidade no processo de troca de senha).

SEGURANÇA DE IOT EM CLOUD

Se antes as interações (e vulnerabilidades) se concentravam no paradigma usuário/plataforma, com a IoT, as vulnerabilidades de dispositivos agrega grandes desafios para o controle de identidade não só dos usuários e plataformas, mas também dos dispositivos, conforme explorado no Capítulo 4.

Para concluir o primeiro pensamento, eis uma definição formal: ataques de personificação ocorrem quando um atacante finge ser uma entidade legítima ao reproduzir mensagens de formato legítimo [11].

No caso específico de um ataque de personificação em um sistema de computação em nuvem, um atacante pode fingir ser um serviço Cloud legítimo.

O exemplo da Figura 5.5 pode ser entendido como um sistema de casa conectada cujas informações são coletadas por sensores, transmitidas por gateways e armazenadas em servidores de banco de dados em nuvem. A nuvem é o arcabouço com poder computacional suficiente para agregar esses dados em escala e usar para tomada de decisão em um nível maior (por exemplo, agregar informações de milhares de casas conectadas para uso num sistema maior de cidade inteligente). No caso de um atacante se passar pelo servidor de banco de dados, ele pode enganar os dispositivos IoT residenciais e obter dados sensíveis, próprios do cotidiano, e planejar invasões, por exemplo (a partir de dados de consumo de energia, é relativamente fácil inferir quando há pessoas na casa ou não).

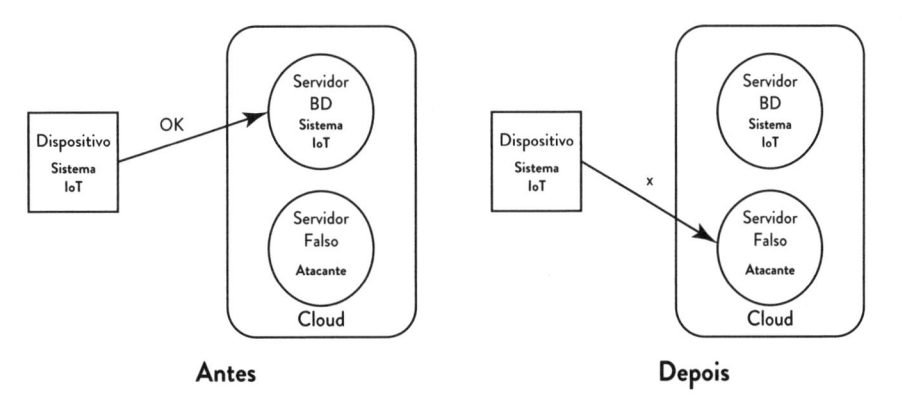

FIGURA 5.5. Exemplo de ataque de *Cloud Impersonation*.

Outro aspecto importante é a avaliação de impacto associado a cada um desses ataques (como um dos aspectos essenciais para uma avaliação de risco e priorização de medidas de mitigação). Para isso, entender o escopo de seus impactos faz-se necessário. Por exemplo, a partir dos ataques listados, podemos mapear os ataques às camadas da arquitetura IoT [8], conforme descrito na Tabela 5.4:

	Dispositivo	Infraestrutura	Dados	Comunicação
Roubo de credenciais	✓	x	✓	x
DDoS	✓	✓	x	✓
Man-in-the-middle	✓	x	✓	✓
SQL Injection	x	x	✓	x
Cloud Impersonation	x	x	✓	✓

TABELA 5.4. Possível mapeamento dos principais tipos de ataque e camada da arquitetura IoT.

Por fim, trazendo um paralelo com a tríade AAA, temos que um serviço de autenticação pode fornecer maior confiança que uma entidade é quem diz ser: que um usuário é legítimo, que um dispositivo é legítimo. Dessa forma, ataques de personificação poderiam ser mitigados se existirem mecanismos de autenticação: no caso, uma autenticação mútua, que uma entidade autêntica (verifica) a identidade da outra, é uma possibilidade. Já a implementação de políticas de autorização, tão granular quanto seja necessário, visa fornecer o nível de acesso aos recursos do sistema necessário para suas entidades. A autorização sem controle, ou privilégios muito elevados para qualquer dispositivo, são medidas que podem ter como consequência comprometimento total do sistema através do comprometimento de uma única entidade (considere o exemplo do IFTTT: se a plataforma for comprometida, o que pode acontecer com as casas conectadas cuja inteligência e automação estejam completamente dependentes da plataforma?).

VOCÊ SABE O QUE É O ATAQUE DE EVIL TWIN?

É comum observar representações de "irmão gêmeo malvado" em algumas obras fictícias. No contexto de IoT, há um ataque que engana os dispositivos IoT conectados numa rede Wi-Fi para que entreguem suas credenciais de acesso à rede (ssid, senha) aos atacantes. Funciona assim:

1. O atacante, próximo à rede Wi-Fi, manda uma interferência que faz com que os dispositivos IoT sejam desconectados da rede;
2. Depois, faz uma rede clone com o mesmo nome (ssid) que a rede original, porém, com sinal mais forte do que a rede legítima;
3. Os dispositivos IoT que foram desconectados tentam se conectar à rede, porém, acabam tentando se autenticar com a rede falsa, e fornecendo a senha da rede Wi-Fi.

Se bem executado, o ataque é de difícil detecção. No primeiro ano de implantação de um projeto de casa conectada do qual participei, tivemos de lidar com esse ataque.

Podemos até dizer que o ataque é bem parecido com o roubo de credenciais de acesso dos usuários, comentado anteriormente. Contudo, como estamos no contexto de IoT, quem acaba por ser vítima da enganação são dispositivos conectados.

RECAPITULANDO

Neste capítulo, começamos com a apresentação da arquitetura em nuvem, passando pelos seus atores; relembramos a arquitetura IoT e suas camadas; após entender como as duas visões se complementam e formam um entendimento da arquitetura de sistemas IoT em nuvem, apresentamos a CSA e a questão de avaliação de risco para priorização de ações; discorremos sobre as vulnerabilidades presentes nesses sistemas; entendemos os principais desafios tecnológicos que a tendência de IoT traz para o paradigma de computação em nuvem; e descrevemos alguns exemplos de ataques mais comuns nestes sistemas a título de exemplo.

Após a leitura deste capítulo, o leitor deve compreender os seguintes conceitos:

- Como funciona uma arquitetura em nuvem;
- Como é uma arquitetura IoT;
- Como as arquiteturas de computação em nuvem e IoT se relacionam;
- Quais são as vulnerabilidades presentes em sistemas IoT em Cloud;
- Alguns exemplos de ataques comuns em sistemas IoT em Cloud.

Para praticar

1. Cite vantagens e desvantagens da escolha do SaaS em detrimento do PaaS e IaaS. Qual o *tradeoff* envolvido?
2. Qual o papel do *carrier* numa arquitetura Cloud?
3. Em relação à privacidade, qual o impacto da escolha entre a hospedagem em nuvem pública ou privada?
4. O que é um SLA? Dê um exemplo de item que poderia estar descrito num SLA.
5. Por que o middleware pode ser considerado uma vulnerabilidade da arquitetura de sistema de IoT em Cloud? Isso pode ser verdade se tivermos criptografia?
6. Cite dois grandes desafios específicos de IoT para sistemas em nuvem.
7. Qual a diferença entre um ataque DoS e um ataque DDoS?
8. Um sistema pode estar 100% seguro? Basta mostrar que um sistema é resiliente aos ataques atuais para considerá-lo seguro? Qual

a importância de se entender a arquitetura de um sistema e suas vulnerabilidades?

9. Uma avaliação de risco pode ajudar a tornar um sistema mais seguro?

10. Considere carros conectados integrados a um sistema de mobilidade urbana de uma cidade inteligente.

    a. Como é a arquitetura desse sistema? Descreva usando um diagrama que mostre elementos presentes na arquitetura de computação em nuvem e na arquitetura IoT, detalhando com uma descrição textual.

    b. Do ponto de vista do atacante, quais suas possíveis motivações?

    c. Quais são as possíveis vulnerabilidades presentes no sistema?

    d. Dentre os ataques mais comuns apresentados no capítulo, escolha o mais relevante para o cenário apresentado e descreva passo a passo como o ataque poderia ocorrer. Quais as possíveis consequências do ataque?

11. Considere uma indústria 4.0, com máquinas e sensores diversos que ajudam a automatizar uma fábrica.

    a. Como é a arquitetura desse sistema? Descreva usando um diagrama que mostre elementos presentes na arquitetura de computação em nuvem e na arquitetura IoT, detalhando com uma descrição textual.

    b. Do ponto de vista do atacante, quais suas possíveis motivações?

    c. Quais são as possíveis vulnerabilidades presentes no sistema?

    d. Dentre os ataques mais comuns apresentados no capítulo, escolha o mais relevante para o cenário apresentado e descreva passo a passo como o ataque poderia ocorrer. Quais as possíveis consequências do ataque?

12. Considerando o cenário do agronegócio, uma alternativa para lugares que não possuem conexão com a internet é o uso de uma estação móvel, como um drone que coleta dados de uma grande plantação depois retorna à fazenda e possui conexão com a internet.

    a. Como é a arquitetura desse sistema? Descreva usando um diagrama que mostre elementos presentes na arquitetura de computação em nuvem e na arquitetura IoT, detalhando com uma descrição textual.
    b. Do ponto de vista do atacante, quais são suas possíveis motivações?
    c. Quais são as possíveis vulnerabilidades presentes no sistema?
    d. Dentre os ataques mais comuns apresentados no capítulo, escolha o mais relevante para o cenário demonstrado e descreva passo a passo como o ataque poderia ocorrer. Quais as possíveis consequências do ataque?

Respostas

1. A vantagem do uso do SaaS é a aceleração do desenvolvimento, as soluções já vêm "de prateleira", e já estão estáveis. Contudo, possível *lock-in* do fornecedor (pode ser difícil trocar de fornecedor no futuro, configurando um alto custo de troca, como foram os serviços de telefonia móvel historicamente) e baixo grau de personalização ou otimização de métricas específicas são desvantagens a serem ponderadas.

2. O *carrier* é responsável pela comunicação, pelo link entre os recursos do CSP e os consumidores dos recursos em nuvem. O grau de disponibilidade também é previsto no SLA.

3. No caso de nuvem pública, usualmente a hospedagem ocorre em servidores remotos em outro país, enquanto na nuvem privada podemos ter hospedagem em servidor alocado exclusivamente para

o cliente. Se uma regulamentação de privacidade demandar que os dados sejam armazenados no país em que foram coletados, isso pode ser um ponto relevante. Contudo, em geral, a questão de escolha entre nuvem privada ou pública pode ter relação mais direta com aspectos de performance.

4. Podemos entender o SLA como um contrato que especifica o nível de serviço que o CSP deve fornecer ao consumidor na prestação de serviço Cloud. Por exemplo, a disponibilidade deve estar especificada com uma métrica (tal como, disponível em 99,999%).

5. O middleware pode ser considerado uma vulnerabilidade, mesmo se tivermos criptografia. Quando essa entidade faz a tradução de dados de um formato a outro, é necessário que os dados criptografados sejam descriptografados, compatibilizados e então criptografados novamente. A falta de criptografia fim-a-fim e a possibilidade de acesso não autorizado a dados, no caso de comprometimento do middleware, o caracterizam como uma vulnerabilidade na arquitetura de sistema IoT baseado em Cloud.

6. A escalabilidade necessária para sistema IoT é um grande desafio para a retaguarda de computação em nuvem, em conjunto com a complexidade de conexões entre as mais diversas entidades e a possibilidade de acesso paralelo ao sistema por um elevado número de dispositivos IoT. O fato dos dispositivos IoT serem limitados em energia, banda e processamento também traz um grande desafio de segurança não só para a Cloud, mas para o sistema IoT de forma geral.

7. Um ataque de negação de serviço (DoS) é caracterizado pela indisponibilidade do sistema ao usuário legítimo. Um ataque de negação de serviço distribuído (DDoS) é um tipo de ataque de DoS com a peculiaridade de ser um ataque coordenado proveniente de diversas fontes a um sistema-alvo.

8. Não, segurança absoluta nunca é passível de obtenção. Sempre há alguma vulnerabilidade que pode ser explorada por atacantes de novas formas. Podemos pensar em deixar o sistema mais seguro

que antes, mas nunca perfeitamente seguro. Não basta mostrar a resiliência aos ataques existentes para considerar o sistema seguro, pois novos ataques podem ocorrer no futuro. A importância de entender o que desejamos proteger (arquitetura do sistema) e suas vulnerabilidades fornece um conhecimento mais estrutural do sistema. O entendimento das vulnerabilidades pode ser uma forma de prevenir ataques muito antes de ocorrerem. Quando os ataques vêm a público, pode ser tarde demais, ou as consequências já podem ser muito grandes.

9. Sim, a partir de uma avaliação de risco que mostre os possíveis impactos negativos de ataques no negócio e pessoas envolvidas na operação do sistema; a elaboração de planos de ação fica baseada em priorização estratégica.

10. Carros conectados integrados a um sistema de mobilidade urbana de uma cidade inteligente.

    a. Sensores nos carros conectados (velocidade, localização, aceleração, movimento do volante, entre outros) coletam dados que são usados pelo componente local assistente do carro, que possui funcionalidades como detecção de sono ao volante e detecção de desvio da faixa. Nesses casos de perigo, o assistente usa os atuadores de alerta sonoro e luminoso presentes nos carros, para os diversos níveis de alerta. O hub agrega esses dados e comunica-os aos demais carros; também recebe e manda dados ao sistema de mobilidade da cidade inteligente, que irá agregar os dados em escala e auxiliar na otimização da cidade como um todo. Foi escolhido um PaaS para maior controle do ambiente de computação em nuvem, e uma nuvem privada para que os dados fiquem num data center contratado pela cidade, próximo dela.

SEGURANÇA DE IOT EM CLOUD

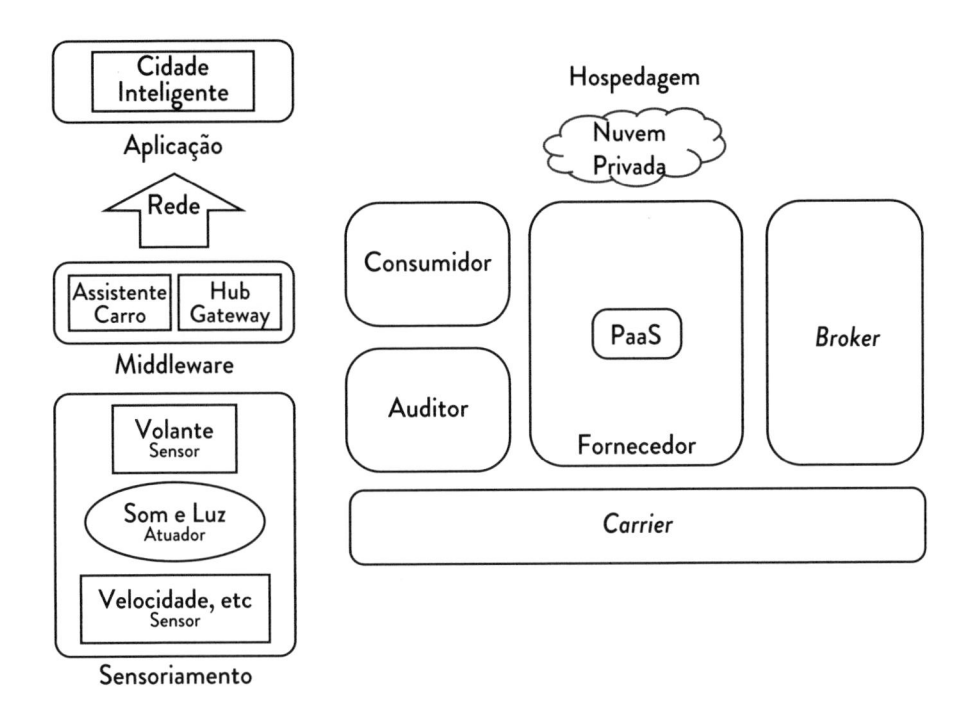

```
Cidade
Inteligente
  Aplicação
    ↑ Rede

Assistente  Hub
Carro       Gateway
  Middleware

Volante
  Sensor
Som e Luz
  Atuador
Velocidade, etc
  Sensor
  Sensoriamento

                    Hospedagem
                    Nuvem
                    Privada

Consumidor    PaaS        Broker
Auditor       Fornecedor
              Carrier
```

b. Como se trata de um sistema de mobilidade urbana, um atacante pode querer fazer algum tipo de ativismo ou terrorismo ao causar o caos: causar engarrafamentos e acidentes. O atacante pode também ter sido contratado por uma empresa concorrente.

c. O processo de update de firmware, se executado sem verificação, por exemplo, pode ocasionar a inserção de código malicioso nos carros conectados, colocando em risco aspectos de segurança das pessoas (*safety*).

d. Um ataque de negação de serviço local (DoS) através de um *jamming* do canal de comunicação leva à indisponibilidade da comunicação entre os carros, prejudicando o sistema de apoio ao motorista.

11. Indústria 4.0: máquinas e sensores diversos que ajudam a automatizar uma fábrica.

a. O sensoriamento da fábrica é realizado por dois tipos de sensores: um para coletar dados dos operadores e gestores da planta (dados para *safety* e posterior análise e otimização de *workflow*) e outro para coletar dados de operação das máquinas. O controle local usa os dados coletados para monitorar, controlar e otimizar localmente a fábrica. Um sistema maior em nuvem, de controle de plantas fabris, que prevê o gerenciamento de mais plantas, é usado como backup dos dados coletados, e adiciona valor ao agregar serviços como detecção de manutenção das máquinas. Foi escolhido o IaaS para a customização máxima do ambiente Cloud e hospedagem em nuvem privada para cumprir aspectos de performance.

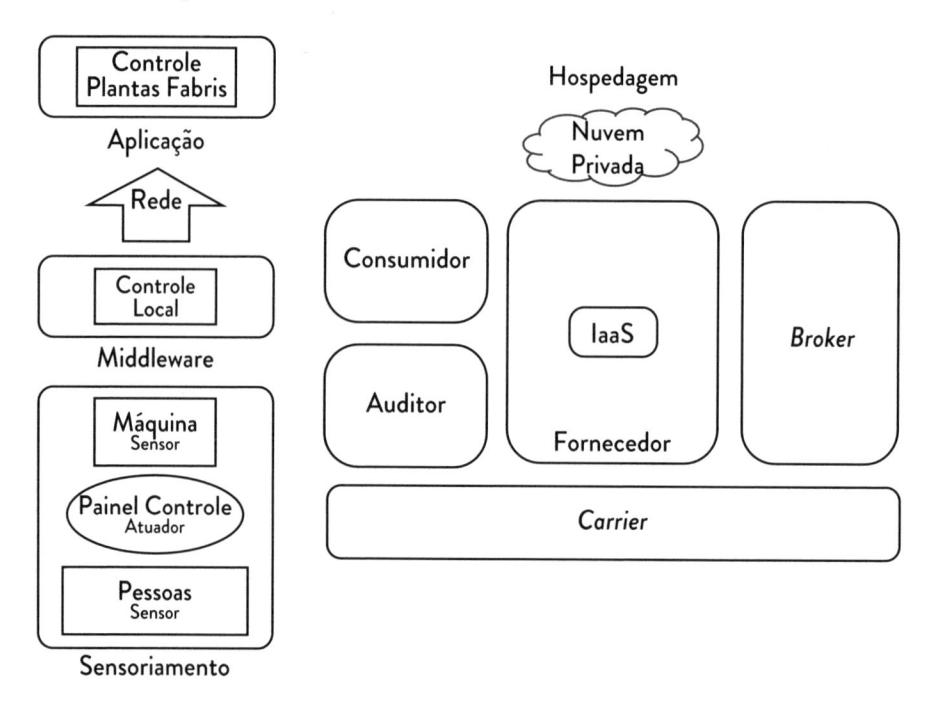

```
Controle Plantas Fabris          Hospedagem
    Aplicação                    Nuvem Privada
       Rede
                         Consumidor
    Controle Local                        IaaS      Broker
    Middleware
                         Auditor
    Máquina                               Fornecedor
    Sensor
    Painel Controle                       Carrier
    Atuador
    Pessoas
    Sensor
    Sensoriamento
```

b. O atacante pode ser contratado por um concorrente (sabotagem industrial), ou até ser um *insider* da indústria mal-intencionado (por exemplo, numa ação contra a automação por máquinas).

c. O sistema pode ter comunicações críticas de comando passando por comunicações sem fio, com criptografia fraca.

d. Um possível ataque dada a vulnerabilidade destacada é um ataque de "homem no meio" (*man-in-the-middle*). O atacante pode pegar pacotes de comandos de um usuário legítimo e alterá-los, de forma a realizar comandos que levem à falha da máquina.

12. Agronegócio: uso de uma estação móvel, como um drone que coleta dados de uma grande plantação depois retorna à fazenda e possui conexão com a internet.

    a. Sensores de luminosidade, umidade do solo e outros presentes nas plantações coletam os dados, através da estação móvel (drone). Na estação com internet, o drone envia os dados coletados para uma plataforma de inteligência de gestão de seu agronegócio, oferecida como um SaaS por uma startup. A hospedagem escolhida pela startup é a nuvem privada.

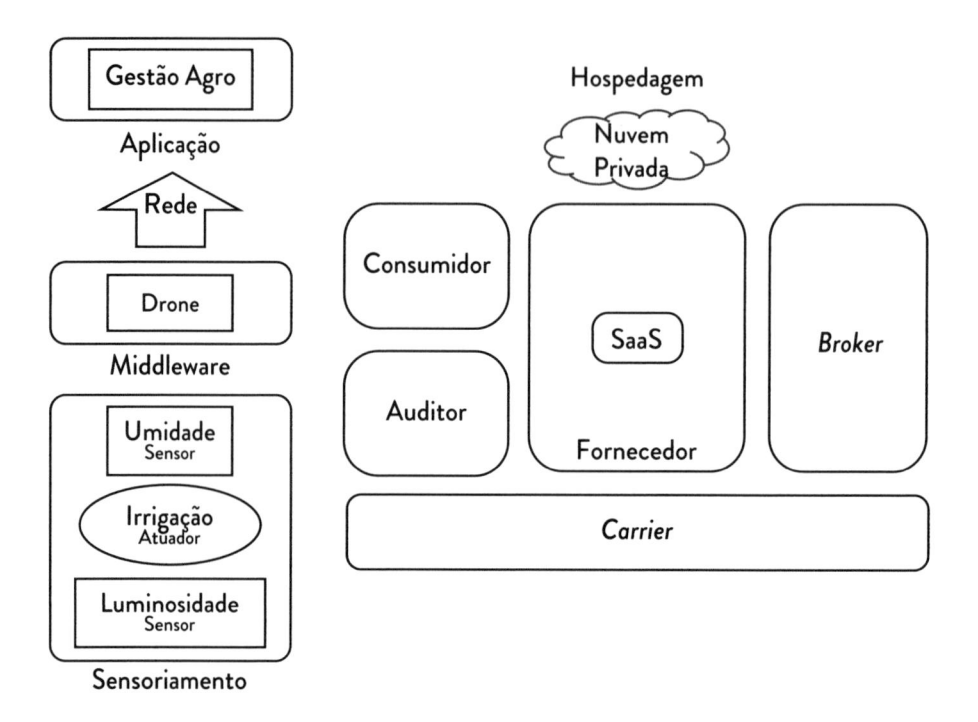

Gestão Agro
Aplicação
Rede
Drone
Middleware
Umidade Sensor
Irrigação Atuador
Luminosidade Sensor
Sensoriamento

Hospedagem
Nuvem Privada
Consumidor
SaaS
Broker
Auditor
Fornecedor
Carrier

b. Uma sabotagem de um concorrente pode ser uma alternativa a se considerar.

c. Como as comunicações ocorrem sem fio, o canal está vulnerável a DoS por *jamming*. O uso de uma senha como fator único de autenticação pode ser uma vulnerabilidade.

d. Um possível ataque é o roubo de credenciais de acesso por meio de engenharia social com o gestor da propriedade. Ao se passar por usuário legítimo, o atacante pode obter informações sigilosas, importantes para o posicionamento estratégico no setor.

CAPÍTULO 6

SEGURANÇA NA CASA CONECTADA

Neste capítulo, o objetivo é fazer um estudo de caso para demonstrar como os conceitos de segurança podem se tangibilizar num cenário residencial. Para isso, na introdução o leitor entenderá o contexto de casa conectada, aspectos de segurança, que desafios existem quando pensamos na segurança em sistemas IoT nesse tipo de ambiente, e como o aspecto de privacidade se relaciona com o conceito de casa conectada.

A seguir, passamos ao problema: vulnerabilidades, que são as portas abertas do sistema para possíveis atacantes; impactos nas pessoas e sistemas para um primeiro passo a uma avaliação de risco associado (uma vez que ataques podem ter consequências na vida cotidiana das pessoas que vivem na casa conectada, desde aspectos psicológicos a físicos). Com dois exemplos de ataques, iremos mostrar passo a passo como as vulnerabilidades podem ser exploradas. Para uma proposta de solução, a princípio, consideramos os requisitos de segurança básicos e específicos para IoT; então, discutimos aspectos estáticos e dinâmicos de uma arquitetura com foco em disponibilidade de serviço, exemplos de uso do paradigma *Publish/Subscribe* com o protocolo MQTT para o cenário apresentado e considerações de segurança e tolerância a falhas. Terminaremos a análise com pensamentos sobre controle de acesso e identidade, dada a relevância de confiarmos com quem estamos falando no contexto de IoT, onde cada vez mais pessoas e dispositivos falam uns com os outros.

6.1. CASA CONECTADA

Iniciaremos pensando na motivação: por que alguém gostaria de ter uma casa conectada?

Assim como podemos analisar ataques a partir da motivação dos atacantes, do porquê querer realizar um ataque, podemos pensar em alguns interesses que permeiam sistemas de casa conectada.

Dentre as cinco grandes áreas de interesse destacadas, a primeira é de economia de energia. O usuário deseja fazer a automação de luzes e equipamentos para a redução da conta. Por exemplo, em países em que a tarifa da energia muda a cada hora, uma otimização de consumo deslocável é possível. Imagine você lavar a roupa quando o preço da energia estiver mais caro, você terá uma conta mais cara; já se um dispositivo IoT conseguir lavar a roupa quando o preço estiver mais barato, você terá uma conta mais barata.

A segunda grande área é de gerenciamento de energia renovável. Para uma geração distribuída, é preciso mais do que só o painel fotovoltaico: um sistema todo de gerenciamento é necessário. Por exemplo, não adianta gerar se não armazenar para uso futuro (talvez até no mesmo dia), dada a variabilidade da fonte renovável. Com um banco de baterias, é também essencial um sistema para gerenciar essas baterias. Em países onde é possível não só gerar a própria energia, mas também vender a energia gerada, ou otimizar quanto e quando comprar energia da rede, um sistema de gerenciamento de energia renovável, integrado a um sistema IoT de casa conectada, pode ser muito útil. Para países sem essa precificação horária e ainda sem o cenário de cogeração, o gerenciamento poderia começar apenas com uma integração com algum medidor inteligente de energia, por exemplo.

Outra grande área de interesse de sistemas de casa conectada é motivada pelo envelhecimento da população. Se no futuro podemos ter um idoso a cada quatro pessoas no Brasil, a preocupação com um envelhecimento se torna relevante. É possível, inclusive, que a oferta de casas de repouso e hospitais não seja suficiente para atender a crescente demanda, portanto, justificando a preocupação com a saúde. Uma alternativa ao cenário de idosos que praticamente tem de viver em hospitais é o *home care*, para que o repouso possa ocorrer em casa. A casa conectada é uma plataforma para monitoramento *in loco* dos pacientes, possivelmente com integração com sistemas médicos e de emergência.

A área multimídia trata do conforto de falar em linguagem natural com seu assistente de voz, acionando músicas, filmes ou podcasts no ambiente de casa conectada. Imagine o futuro de realidades imersivas de experiências de filme em casa conectada: onde o ambiente já esteja bem contextualizado, sons com efeito de localidade, e interações 3D cada vez mais realistas. Os sistemas de IoT para multimídia em casa conectada vêm criando experiências que unem cada vez mais os mundos virtual e real.

A área de segurança patrimonial diz respeito aos sistemas de vigilância e alarme residencial comumente encontrados. Com o advento da IoT, esses sistemas deixam de ser isolados e passam a fazer parte de jornadas integradas com uma variedade de outros sistemas. Os sistemas de segurança patrimonial unem mecanismos de coleta (gravação de vídeo, por exemplo), com mecanismos de detecção (por exemplo, para detectar um invasor no jardim às 3 horas da madrugada). Com a IoT, esses mecanismos têm potencial de se tornarem cada vez mais inteligentes e complexos, a partir da integração de dados de diversos contextos para detectar uma anomalia. É comum encontrarmos sistemas de alarme residencial com muitos casos de falso positivo por efeito de falhas de sensores, com consequências como o baixo nível de confiança no sistema de alerta (no caso de invasão real, o usuário pode acabar achando que é só outra falha) e alertas sonoros que ficam armados durante várias horas na madrugada. Com uma análise minuciosa de padrões dos dados dos sensores, mecanismos como detecção de falha de sensor e notificações para troca de sensores poderiam ser implementados.

De forma geral, como há pessoas diferentes e com uma pretensão maior ou menor para adquirir um sistema ou produto com um dos valores apresentados, e a casa conectada é um ambiente compartilhado, podemos pensar que uma casa conectada pode não ser completamente de uma dessas grandes áreas: um habitante pode desejar economizar energia, enquanto o outro está interessado em multimídia; mas de qualquer forma, as principais propostas de valor e benefícios de se ter uma casa conectada podem ser entendidos ao pensar nessas cinco grandes áreas.

A Figura 6.1 mostra, de forma gráfica, as cinco grandes áreas de interesse para sistemas IoT de casa conectada. Para mais exemplos, vide [1].

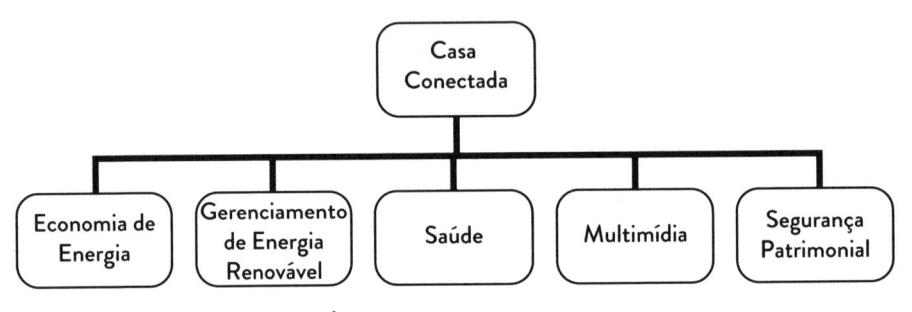

FIGURA 6.1. Áreas de interesse para casa conectada.

6.2. SEGURANÇA NA CASA CONECTADA

Mesmo que os benefícios sejam imensos, de nada vale uma casa conectada insegura, não só do ponto de vista de segurança patrimonial, mas também do ponto de vista cibernético. Ao ligar a casa na internet e torná-la um sistema IoT, diversos desafios de segurança aparecem.

De acordo com [2], há três grandes blocos que formam uma casa conectada segura:

- **Sensoriamento:** Se você coloca uma câmera IP na casa, uma coleta de dados está ocorrendo, e o fato de gravar e eventualmente suportar *streaming* por si só já pode aumentar a segurança. Sensores de ambiente, como sensores de presença em sistemas de alarme que são usados para detectar invasores no meio da madrugada, também são exemplos de sensoriamento na casa conectada;

- **Detecção:** Há diversas formas de detectar anomalias, mas iremos dar dois exemplos de abordagens distintas: supervisionada e não supervisionada. A abordagem supervisionada é uma situação semelhante a um diagnóstico baseado em casos históricos: após aprender com a experiência para detectar determinados padrões de comportamento como próprios de determinados ataques (o que é um ataque de repetição? O que é um ataque de *evil twin*?), essa experiência pode ser usada para identificar ataques futuros do mesmo tipo. Já na abordagem não supervisionada, podemos verificar a anomalia a partir de disparidades entre o comportamento esperado e o comportamento realizado. Por exemplo, no cenário bancário, um dado cliente pode gastar normalmente até 500 reais por mês, com no máximo 100 reais em cada transação, de acordo com seu histórico. Caso três compras, de 1000 reais, 4000 reais e 600 reais sejam requisitadas, o sistema pode detectar uma anomalia e pedir outra autenticação, por não acreditar que o usuário legítimo pediria essas operações. A disparidade entre o que é esperado e o que ocorre é usada para decidir entre o que é normal e o que é anormal.

- **Responsividade:** As ações que ocorrem após detecção das ameaças formam este bloco. Por exemplo, mecanismos mais rígidos e granulares de autorização e controle de acesso podem ser implementados como resposta a identificação de ameaças. Uma analogia é a instalação de fechaduras tetra após a invasão de uma casa. Outro exemplo seriam os próprios mecanismos de alerta, para usuários, para administradores do sistema ou plataforma, a fim de que as devidas contramedidas possam ser tomadas. Os alertas também poderiam ter diversas naturezas, de acordo com sua criticidade: um alerta de nível médio pode ser bem diferente de um alerta de nível alto. Enquanto o alerta de nível médio poderia se tangibilizar em alerta local e SMS para o usuário final, um alerta de nível alto poderia se tangibilizar em alerta local, ligação por rede celular e notificação de outros usuários.

Desta forma, uma casa conectada segura poderia ser entendida a partir de mecanismos destes três tipos: sensoriamento, detecção e responsividade. A Figura 6.2 ilustra os três conceitos.

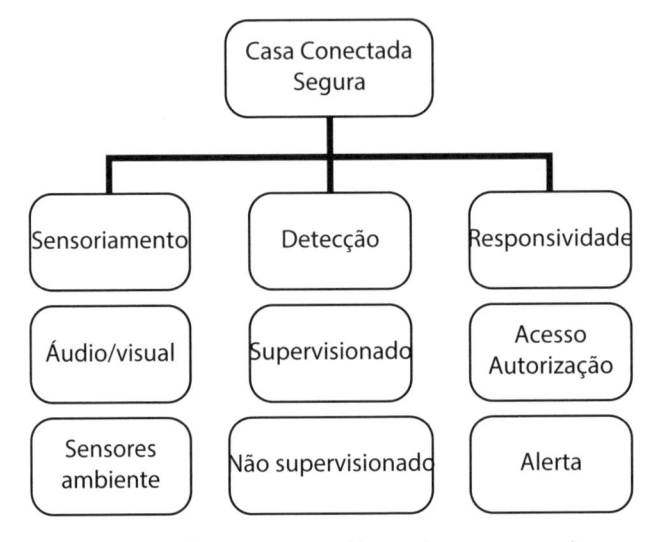

```
                    ┌──────────────────┐
                    │  Casa Conectada  │
                    │      Segura      │
                    └──────────────────┘
         ┌─────────────────┼─────────────────┐
┌────────────────┐ ┌────────────────┐ ┌────────────────┐
│  Sensoriamento │ │    Detecção    │ │ Responsividade │
└────────────────┘ └────────────────┘ └────────────────┘
┌────────────────┐ ┌────────────────┐ ┌────────────────┐
│  Áudio/visual  │ │  Supervisionado│ │     Acesso     │
│                │ │                │ │   Autorização  │
└────────────────┘ └────────────────┘ └────────────────┘
┌────────────────┐ ┌────────────────┐ ┌────────────────┐
│    Sensores    │ │Não supervisio- │ │     Alerta     │
│    ambiente    │ │     nado       │ │                │
└────────────────┘ └────────────────┘ └────────────────┘
```

FIGURA 6.2. Segurança em ambientes de casa conectada.

Para a construção de uma casa conectada segura descrita anteriormente, como a casa conectada é um sistema IoT, também está submetida aos desafios próprios de IoT, citados nos capítulos anteriores.

Alguns desafios podem ser relevantes para o cenário residencial apresentado.

O primeiro é a limitação de cada dispositivo. As limitações de memória, banda e processamento inviabilizam mecanismos de criptografia usuais de sistemas de TI existentes para a confidencialidade de mensagens, por exemplo. O crescimento de equipamentos conectados em cada casa, bem como a gestão para adicionar dispositivos de forma segura, são grandes desafios. Um mecanismo mal implementado de adição pode deixar o sistema vulnerável a ataques de personificação do dispositivo, ou a falsificação de dispositivos na plataforma, o que poderia levar ao armazenamento e gerenciamento de dispositivos falsos pela plataforma IoT, prejudicando a performance de equipamentos e usuários legítimos.

Considere a implementação de uma entidade central para autorização de todas as atuações físicas como forma de evitar ataques que levem a atuações indevidas de dispositivos IoT na casa conectada. Em relação à escalabilidade, mesmo no cenário sem ataques, é capaz dessa entidade não conseguir suportar a demanda para autorização de atuadores.

Por fim, a questão de dispositivos heterogêneos, de protocolos de comunicação distintos para os diferentes dispositivos na casa conectada: se cada canal de comunicação é uma possível vulnerabilidade a ser explorada por atacantes, a coexistência de três tipos diferentes de comunicação, como Bluetooth, rádio frequência 433MHz e Wi-Fi traz complexidade e aumenta a possível área de ataque ao sistema de IoT.

Esses e outros desafios, próprios da IoT, devem ser explorados com atenção para que as oportunidades de conveniência para as pessoas e negócios para as empresas sejam de fato possíveis nas casas conectadas. Propostas de solução para arquiteturas e produtos de IoT residencial devem ser avaliadas de forma crítica, a partir do conhecimento dos desafios associados.

A Tabela 6.1 resume os desafios discutidos sob a ótica da casa conectada.

Desafio	Descrição
Dispositivo limitado	Limitações de memória e processamento de dispositivos simples de IoT, como sensores e atuadores, tornam inviável a aplicação de operações complexas nesses dispositivos
Escalabilidade	O número de dispositivos IoT cresce exponencialmente, bem como o tráfego de dados correspondente.
Dispositivos heterogêneos	Há uma pluralidade de protocolos de comunicação e tecnologias utilizadas (exemplo, Bluetooth, Wi-Fi, RF)
Gestão de dispositivos	Se um dispositivo é adicionado ou removido, deve haver a gestão desse dispositivo de forma segura

TABELA 6.1. Desafios de segurança para arquitetura IoT em nuvem, no caso de casa conectada.

6.3. PRIVACIDADE NA CASA CONECTADA

Uma discussão que permeia segurança é a de privacidade, e que também merece a devida atenção na construção de uma casa conectada segura.

Para entender este aspecto, damos início apresentando o *smart speaker*. O *smart speaker* é um dispositivo comumente instalado em ambientes de casa conectada que torna possível interações e comandos por voz, com respostas também por voz, desde informações desejadas, como "qual a capital de Minas Gerais?", até requisições de acionamento como "ligar luz da sala". É um equipamento que traz conforto para o cotidiano dos usuários, desde o despertar, com pergunta da agenda e requisição de veículo compartilhado até o trabalho, até a autorização de acesso à distância, e desligar TV e luzes automaticamente ao dormir.

Nas casas conectadas, o acionamento normalmente é intermediado por um middleware, como um hub, que pode repassar o comando para o dispositivo IoT atuador (no caso de um comando do tipo "apagar luz"), pode fazer uma requisição ao dispositivo IoT (no exemplo de "tem cerveja em casa?"), ou até receber uma requisição do dispositivo IoT (no caso da geladeira avisar que acabou a cerveja e gerar uma notificação para o usuário final).

Entretanto, o *smart speaker* também vêm causando grande preocupação com a privacidade. Imagine que, além do usuário que comprou e usa ativamente o *smart speaker*, um familiar também esteja presente na casa conectada, e realiza conversas privadas nesse ambiente. Se o *smart speaker* também coletar dados dessa pessoa, podemos ter uma invasão de privacidade. O uso de dados sem o consentimento do usuário (mesmo que os fabricantes digam que os *smart speakers* não ouvem enquanto não são chamados, casos como o suposto envio de conversas privadas a um contato presente na lista de contatos acabam trazendo esse tipo de preocupação à tona). Como a casa conectada é um ambiente compartilhado, seria necessário um consentimento geral para a instalação e operação do dispositivo de uso compartilhado, ao contrário dos smartphones, que são objetos de uso pessoal, e que o consentimento ocorra de forma individualizada. Outro caso é do visitante, que pode até nem saber da existência do *smart speaker* no ambiente.

A Figura 6.3 ilustra o cenário apresentado de *smart speaker* num ambiente de casa conectada IoT.

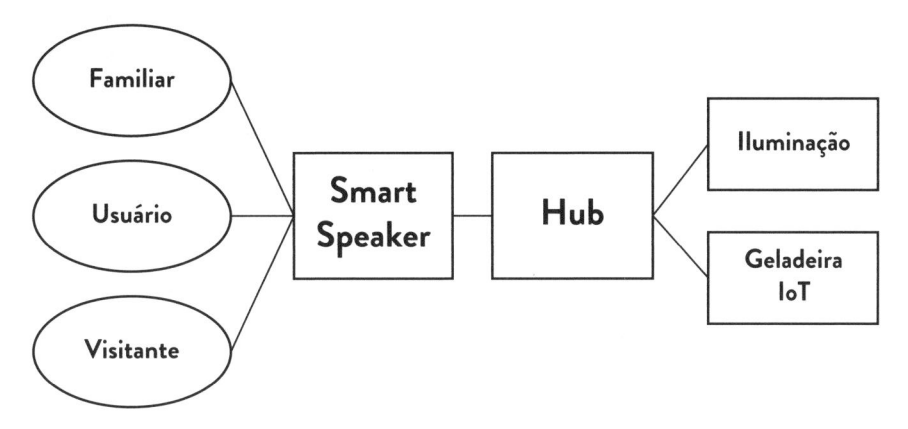

FIGURA 6.3. Smart speaker em casa conectada.

Estudos sobre o tema de privacidade em casa conectada suportam alguns pensamentos apresentados na discussão anterior, além de destacarem o ABAC em detrimento do RBAC como alternativa de política de controle de acesso para a IoT (dado o suporte do ABAC a regras baseadas em contexto):

- Entrevistas com 116 pessoas sobre *smart speakers* [3] mostraram que a maior preocupação foi com dados de *bystanders* (como os familiares e visitantes do cenário apresentado). Em relação aos aspectos de privacidade previstos em legislação, como o direito ao esquecimento, somente metade sabia da possibilidade de exclusão dos dados e poucos de fato o fizeram. Outros resultados são: a percepção de que retenção de dados e acesso não autorizado a dados históricos são aspectos negativos; a confirmação de que múltiplos usuários em um mesmo ambiente é um grande desafio; e que o público pesquisado desconhecia mecanismos de reconhecimento de locutor, que podem ser integrados ao *smart speaker*;

- Um estudo de caso de sistema de câmeras IP para evitar maus-tratos de babás [4] propõe o uso de regras contextuais para autorização de dados (por exemplo, levando em conta quem está no ambiente e período do dia);

- Entrevistas com 33 usuários em 15 casas em 2010 [5] mostraram o desejo dos usuários em relação às regras para acesso aos seus dados privados. Os habitantes de casa conectada desejavam que as políticas de acesso refletissem regras contextuais, como autorização a partir de informações contextuais de quem está presente, quem quer o dado e que dispositivo está sendo usado. O mapeamento mental desses usuários acaba por não refletir o que de fato está implementado em regras do tipo RBAC, baseadas em perfil, o que ocasiona falsa sensação de segurança;

- Um estudo de longo prazo [6], de 12 casas conectadas por 2 anos, mostrou que as preferências e necessidades de usuários mudaram com o tempo, bem como seu grau de interação com o sistema. Se no começo os habitantes de casa conectada buscavam ativamente o gerenciamento de regras de acesso e realização da atualização das regras de forma ativa, com o passar do tempo, essas pessoas passaram a ter um comportamento apenas passivo, mudando e atualizando regras de acesso apenas em caso de alertas do sistema;

- Entrevistas exploratórias em 2019 [7] evidenciam a preocupação com *bystanders*, e a ameaça à privacidade em ambientes compartilhados.

6.4. VULNERABILIDADES NA CASA CONECTADA

Após discorrer sobre o conceito de casa conectada e os desafios de segurança e privacidade associados, iremos voltar a atenção para a segurança e entender as portas de entrada dos atacantes, as vulnerabilidades.

Relembrando, devemos nos atentar para três pontos em sistemas IoT: *onboarding, middleware* e *update de firmware*. Após a compra de um dispositivo IoT, sua instalação inicial pode ser o momento em que o atacante pode tomar controle do dispositivo de forma facilitada; o middleware pode ser o intermediário, ponto único de falha, cujo comprometimento causa a ruptura do sistema como um todo; o update de firmware pode ser a oportunidade para o atacante infectar o dispositivo IoT com códigos maliciosos.

Em especial, para a casa conectada, a configuração inicial pode usar credenciais próprias de fábrica para cada dispositivo, como um primeiro passo para evitar a fraca segurança do *default* de fábrica, conforme apontado pela OWASP. Um grande cuidado com o middleware é necessário, como o uso de dispositivo mais poderoso, com mais recursos computacionais à disposição e uso de algoritmos criptográficos compatíveis com sistemas de TI atuais, pois seu comprometimento pode causar a indisponibilidade da casa conectada como um todo, desde responsividade a comandos de voz até coleta de dados e armazenamento em Cloud. É comum que um update de firmware ocorra a partir da distribuição do fornecedor para o hub, e então distribuição do hub para os dispositivos IoT (o que evidencia ainda mais a importância da segurança do hub). Nesse caso, é importante que o hub consiga confiar na identidade do fornecedor, e que o dispositivo IoT possa confiar na identidade do hub. Caso contrário, um atacante poderia se passar pelo fornecedor e distribuir firmwares com código malicioso, ou um hub falso poderia infectar localmente os dispositivos IoT da casa.

A Figura 6.4 ilustra os pontos de atenção ao se pensar em vulnerabilidades IoT, exploradas para o cenário de casa conectada.

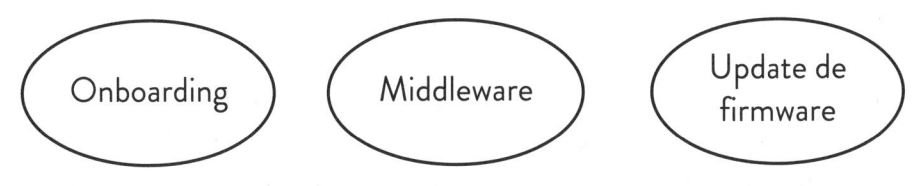

FIGURA 6.4. Vulnerabilidades para IoT.

6.5. IMPACTOS ÀS PESSOAS E SISTEMAS

Com a ideia de priorizar contramedidas a partir da avaliação de risco associada aos possíveis ataques já apresentados no capítulo anterior, neste estudo de caso podemos pensar nos impactos dos ataques às pessoas e sistemas que compõem a casa conectada, conforme taxonomia descrita em [8].

Um possível impacto negativo às pessoas é o emocional, tanto desconfiando do sistema ao constatar sua indisponibilidade, quanto à percepção de insegurança num ambiente que, historicamente, é considerado seu lar e consequentemente seguro, a partir da sensação de impossibilidade de controle. Outra consequência são os danos físicos: um atacante pode provocar um superaquecimento do chuveiro, aquecer o ambiente em dia ensolarado através de ar-condicionado ou forno elétrico, ou até provocar a falha completa de algum equipamento, como uma lâmpada, o que poderia provocar uma queda. O último tipo de ataque está relacionado à interação com o usuário. A indisponibilidade ou tempo de resposta muito elevado do sistema pode acabar em uma tragédia do ponto de vista de experiência do usuário. Os tipos de impacto aos sistemas estão ilustrados na Figura 6.5.

(Emocional)   (Danos físicos)   (UX)

FIGURA 6.5. Impactos de ataques às pessoas na casa conectada.

Já os impactos aos sistemas podem ser entendidos como ataques na atuação e à tríade CIA (Confidencialidade, Integridade e Disponibilidade). Atuação indevida, que não deveria acontecer, pode ser realizada por um atacante; uma atuação legítima, mas que não foi realizada por causa de um ataque do tipo *man-in-the-middle* seria outro exemplo. Ataques também podem tornar dados privados públicos, ferindo a confidencialidade, tentar trabalhar na alteração de dados em trânsito (o que viola a integridade dos dados), e ataques de negação de serviço (DoS) podem causar indisponibilidade total do sistema.

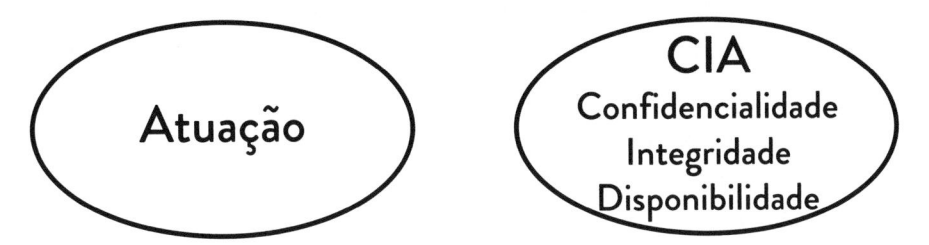

FIGURA 6.6. Impactos de ataques em sistemas na casa conectada.

6.6. EXEMPLOS DE ATAQUES NA CASA CONECTADA

Para ilustrar as ameaças apresentadas de forma estruturada, iremos apresentar dois ataques em sistemas de casa conectada, a título de exemplo.

O primeiro ataque é da boneca Bluetooth *Cayla Doll*. A vulnerabilidade da boneca Bluetooth (que possuía um microfone integrado) foi explorada em ataques de repetição de comandos antigos. Após gravar comandos legítimos, a boneca podia repetir os comandos posteriormente e provocar atuações indevidas, por exemplo.

O segundo exemplo é o ataque de *evil twin*. Nesse ataque, conforme descrito no capítulo anterior, o atacante desautentica os dispositivos da casa conectada, como smart TV, *smart speaker* e lâmpadas conectadas, e finge ser a rede Wi-Fi legítima (com o mesmo ssid). Os dispositivos, ao tentarem se conectar à rede falsa, acabam revelando a senha da rede legítima ao atacante.

6.7. SERVIÇOS DE SEGURANÇA

Para iniciar a proposta de solução, relembramos os serviços básicos de segurança e os serviços específicos para sistemas IoT, conforme a Figura 6.7.

Por exemplo, o cumprimento do serviço de *data liveness* pode evitar ataques de repetição, usualmente com a integração de *timestamp* do comando (claro, o adversário ainda pode tentar forjar o comando novo, daí a necessidade de combinar o mecanismo de *timestamp* com outros para impedir completamente o ataque de replay e suas variantes, como mecanismos de autenticação).

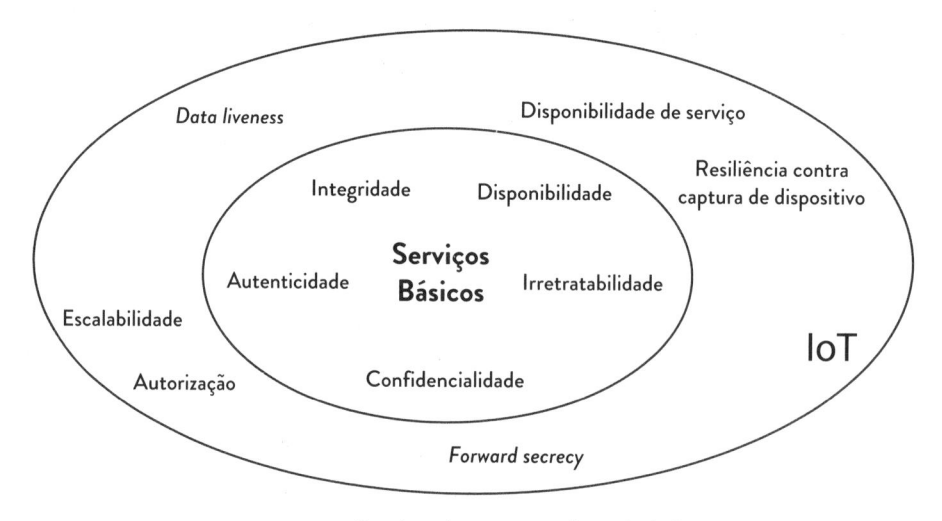

FIGURA 6.7. Serviços de segurança do capítulo 5.

6.8. ARQUITETURA PARA A CASA CONECTADA

Nesta seção, exploraremos a arquitetura de uma casa conectada e apresentaremos algumas considerações de segurança.

Na Figura 6.8, temos o exemplo de arquitetura de sistema de automação residencial do Capítulo 5. Uma visão complementar pode ser realizada a partir dos conceitos apresentados neste estudo de caso:

- Entender que o sistema de automação residencial pode ter um foco em eficiência energética, se encaixando na classificação apresentada na Seção 6.1;
- Constatar que o middleware hub é um ponto único de falha, e possivelmente sua má implementação pode ser uma vulnerabilidade a ser explorada por um atacante;
- O sensoriamento também pode incluir um *smart speaker*, que pode ser entendido como um sensor de voz, porém, com todas as considerações de privacidade apresentadas na Seção 6.3.

Dessa forma, a partir da visão holística do sistema, é possível ter uma visão mais crítica do que a apresentada anteriormente no Capítulo 5.

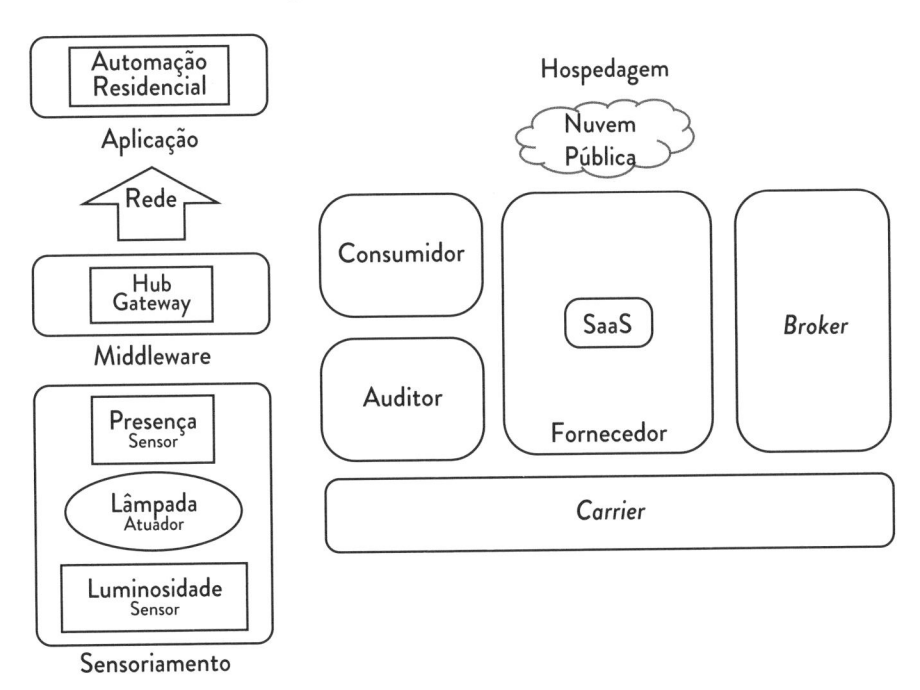

FIGURA 6.8. Exemplo de arquitetura de sistema de automação residencial do Capítulo 5.

Uma proposta de arquitetura para a casa conectada é de tolerância a falhas, com redundâncias de comunicação local e pela internet, através de recursos de computação em nuvem. Seja por indisponibilidade da conexão com a internet por ação maliciosa ou não (no Brasil, é comum a instabilidade de conexão), a pergunta é: no caso de não ter internet disponível, a casa conectada inteira fica indisponível para seus habitantes?

Por exemplo, a Cloud é muito boa para fazer armazenamento e processamento de grandes massas de dados e fomentar análises complexas; contudo, é de se pensar que funcionalidades básicas, como controlar luzes e trocar o canal de sua smart TV não devam ser perdidas completamente no caso de instabilidade de conexão.

A disponibilidade poderá ser cumprida a partir de uma arquitetura de tolerância a falhas como a proposta. Por exemplo, a disponibilidade de serviços básicos pode ser realizada através da redundância de serviços locais e em Cloud. No caso de indisponibilidade de conexão, os serviços locais seriam utilizados para oferecer maior qualidade ao sistema, de forma a mascarar a falha e não destruir completamente a experiência do usuário no sistema.

Considere o hub, conforme exposto na Figura 6.8. Se utilizamos o paradigma *Publish/Subscribe*, com a escolha do protocolo MQTT, podemos fazer dois tópicos: um tópico para comunicação do hub com o módulo IoT (H2M) e outro tópico para comunicação de módulo IoT com o hub (M2H), vide Figura 6.9. Em questão de segurança, a restrição de tópicos para a subscrição e publicação dos módulos nos diferentes tópicos através de regras postas em vigor pelo *broker* pode limitar danos no caso de invasão e comprometimento de um módulo. Dessa forma, a comunicação também fica modular: o comprometimento de um módulo não afeta os demais diretamente.

A redundância local pode ser implementada através da implantação local, tanto do hub quanto do *broker*, em paralelo com um *broker* e hub presentes na Cloud, enquanto a autenticação já prevista no MQTT é com usuário e senha.

SEGURANÇA NA CASA CONECTADA

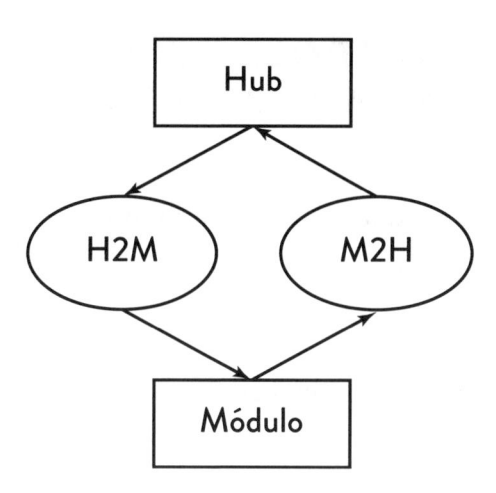

FIGURA 6.9. Exemplo de uso do MQTT para casa conectada.

Dessa forma, complementamos o protocolo MQTT ilustrado anteriormente (vide Figura 6.10), com a adição do tópico do tipo H2M (vide Figura 6.9).

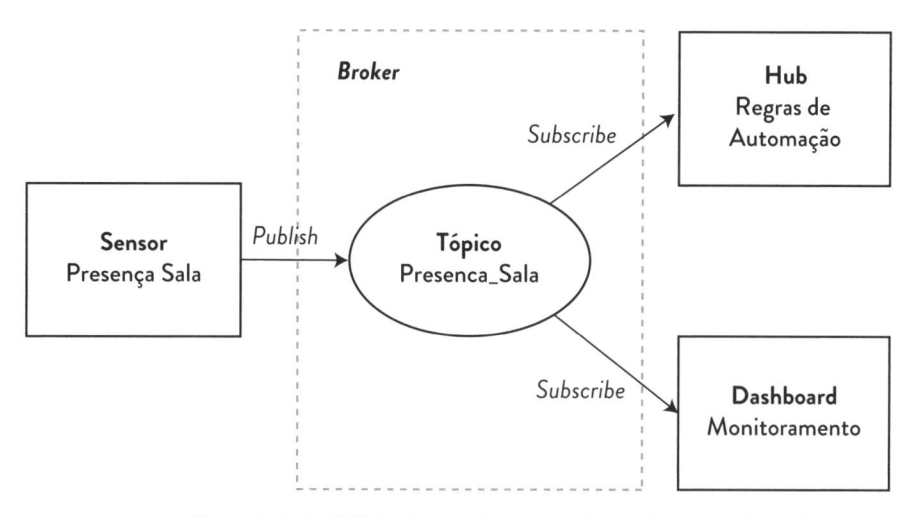

FIGURA 6.10. Exemplo de MQTT de sistema de automação residencial do Capítulo 5.

6.9. CONTROLE DE ACESSO E IDENTIDADE PARA A CASA CONECTADA

Para a casa conectada, é importante pensar como é o ciclo de vida, tanto dos dispositivos IoT quanto dos usuários do sistema.

No caso do dispositivo IoT, considere um cliente adquirindo um módulo de lâmpada inteligente. Com o registro e conexão inicial através de aplicativo da plataforma de lâmpadas inteligentes, o acesso é provisionado. O mínimo de gerenciamento que pode ocorrer é a troca da senha *default*, para que uma das maiores vulnerabilidades IoT não esteja presente no sistema. A revogação e desregistro são importantes para que um atacante não use uma credencial antiga para um acesso não autorizado à plataforma.

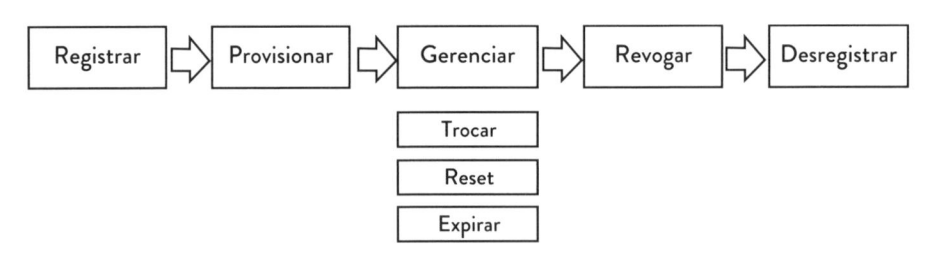

FIGURA 6.11. Ciclo de vida de credenciais do Capítulo 4.

A arquitetura de tolerância a falhas de conexão com a internet pode ser analisada do ponto de vista de autenticação, conforme a Figura 6.12. No caso da redundância de serviços locais, a autenticação seria a equivalente à comunicação entre dispositivos (C).

SEGURANÇA NA CASA CONECTADA

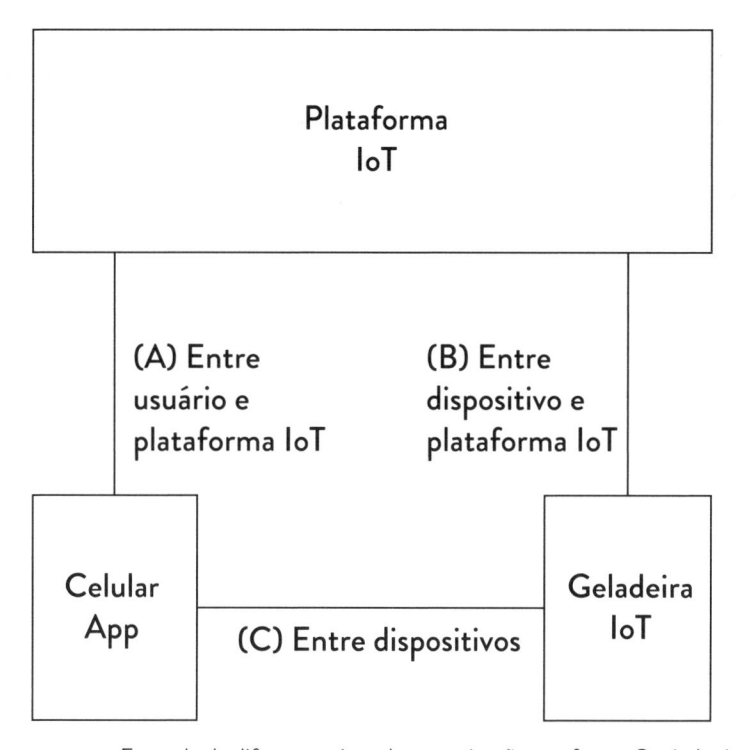

FIGURA 6.12. Exemplo de diferentes tipos de autenticação, conforme Capítulo 4.

RECAPITULANDO

Neste capítulo, foi apresentado estudo de caso para ilustrar como os conceitos demonstrados nos capítulos anteriores podem ser aplicados a um projeto específico.

Apresentamos os benefícios de uma casa conectada, as grandes barreiras de segurança e privacidade que devem ser superadas para a obtenção dos benefícios idealizados nas cinco grandes áreas de casa conectada (economia de energia, gerenciamento de energia renovável, multimídia, segurança patrimonial e saúde). Exemplos de vulnerabilidades, impactos e ataques em ambientes de casa conectada também foram apresentados. Relembramos os serviços de segurança básicos e específicos de IoT, e discutimos sobre aspectos de segurança numa arquitetura de casa conectada com tolerância a falhas de conexão, que usa o paradigma *Publish/Subscribe*, com foco na área de eficiência energética. Por fim, discutimos o controle de acesso e identidade na IoT, relevante exatamente pelo paradigma IoT demandar cada vez mais conexões entre sistemas, integrando-os para criar jornadas que criam valor em casas, carros e cidades inteligentes.

CONSIDERAÇÕES FINAIS

Esperamos que este livro tenha sido útil para o estudo dos principais conceitos relacionados a IoT e segurança em IoT, e que o leitor possa utilizá-lo como referência para desenvolver seus projetos de forma segura.

O crescimento esperado para o uso dessas tecnologias é estrondoso, e é uma área que ainda precisa de um estudo constante para que os desafios de segurança sejam devidamente tratados.

Os sistemas legados, em especial a redes industriais de IoT, mantinham a segurança dos sistemas simplesmente os desconectando da internet. Hoje, as tecnologias em Cloud e internet tornam-se indispensáveis e, portanto, esse modelo precisa ser revisto.

Acreditamos ter colaborado para apoiar o leitor a tomar as melhores decisões nas escolhas e adoção dessas novas tecnologias, através da apresentação de aspectos mais estruturais que possam guiá-lo não somente a lidar com os desafios presentes, mas também com os desafios futuros que a IoT trará ao se tornar pervasiva em nossas vidas.

Nosso objetivo foi contribuir de um ponto de vista crítico para a evolução e aceitação de casas, carros, fábricas, plantações e cidades inteligentes no aspecto "segurança".

REFERÊNCIAS BIBLIOGRÁFICAS

(Capítulos 1 ao 3)

GILCHRIST, Alasdair. *Iot Security Issues*. Boston/Berlim, Walter de Gruyter GmbH & Co KG, 2017. <https://books.google.com.br/books/about/IoT_Security_Issues.html?id=xipDDgAAQBAJ&source=kp_cover&redir_esc=y>.

GUPTA, Aditya. *The IoT Hacker's Handbook: A Pratical Guide to Hacking the Internet of Things*. Apress, 2019. <https://books.google.com.br/books/about/The_IoT_Hacker_s_Handbook.html?id=D7WPDwAAQBAJ&source=kp_cover&redir_esc=y>.

RUSSEL, Brian; VAN DUREN, Drew. *Pratical Internet of Things Security*. Packt Publishing, 2016. <https://books.google.com.br/books/about/Practical_Internet_of_Things_Security.html?id=Tv5vDQAAQBAJ&source=kp_cover&redir_esc=y>.

HU, Fei. *Security and Privacy in Internet of Things (IoTs): Models, Algorithms, and Implementations*. CRC Press, 2016. <https://books.google.com.br/books/about/Security_and_Privacy_in_Internet_of_Thin.html?id=kr_1CwAAQBAJ&source=kp_cover&redir_esc=y>.

DELFS, Hans; KNEBL, Hans. *Introduction to Cryptography: Principles and Applications*. Springer Science & Business Media, 2012. <https://books.google.com.br/books?id=Nnvhz_VqAS4C&printsec=frontcover&dq=cryptography&hl=en&sa=X&ved=0ahUKEwiRwOr-8rjmAhWII7kGHTtCAhkQ6AEIKzAA#v=onepage&q=cryptography&f=false>.

TSIATSIS, Vlasios; KARNOUSKOS, Stamatis; HOLLER, Jan; BOYLE, David; MULLIGAN, Catherine. *Internet of Things: Technologies and Applications for a New Age of Intelligence*. Academic Press, 2018. <https://books.google.com.br/books?id=Hap-6DwAAQBAJ&printsec=frontcover&dq=IoT&hl=en&sa=X&ved=0ahUKEwiTyuSa-87jmAhXeH7kGHXYJDNAQ6AEIKDAA#v=onepage&q=IoT&f=false>.

YASUURA, Hiroto; KYUNG, Chong-Min; LIU, Yongpan; LIN, Yong-Long. *Smart Sensors at the IoT Frontier*. Springer, 2017. <https://books.google.com.br/books?id=3gMmDwAAQBAJ&pg=PA372&dq=IoT&hl=en&sa=X&ved=0ahUKEwiTyuSa-87jmAhXeH7kGHXYJDNAQ6AEIZzAH#v=onepage&q=IoT&f=false>.

SLAMA, Dirk; PUHLMANN, Frank; MORRISH, Jim; BHATNAGAR, Rishi M. *Enterprise IoT: Strategies and Best Practices for Connected Products and Services.* O'Reilly Media, Inc., 2015. <https://books.google.com.br/books?id=iqDUCgAAQBAJ&printsec=frontcover&dq=IoT&hl=en&sa=X&ved=0ahUKEwiTyuSa87jmAhXeH7kGHXYJDNAQ6AEIbjAI#v=onepage&q=IoT&f=false>.

KAUR, Gurjit; TOMAR, Pradeep. *Handbook of Research on Big Data and the IoT.* IGI Global, 2019. <https://books.google.com.br/books?id=6ayMDwAAQBAJ&printsec=frontcover&dq=IoT&hl=en&sa=X&ved=0ahUKEwiTyuSa87jmAhXeH7kGHXYJDNAQ6AEIeDAJ#v=onepage&q=IoT&f=false>.

(Capítulo 4)

[1] "A Systematic Literature Review of Authentication in Internet of Things for Heterogeneous Devices". <https://www.hindawi.com/journals/jcnc/2019/5747136/>. Último acesso em 10 novembro de 2019.

[2] "Access control in the Internet of Things: a survey of existing approaches and open research questions". <https://www.researchgate.net/publication/331475112_Access_control_in_the_Internet_of_Things_a_survey_of_existing_approaches_and_open_research_questions>. Último acesso em 24 de novembro de 2019.

[3] "Developing Secure IoT Services: A Security-Oriented Review of IoT Platforms." <https://www.mdpi.com/2073-8994/10/12/669>. Último acesso em 22 de novembro de 2019.

[4] "On cloud security requirements, threats, vulnerabilities and countermeasures: A survey". <https://www.sciencedirect.com/science/article/pii/S1574013718302065>. Último acesso em 23 novembro de 2019.

[5] "Identity and Access Management for the Internet of Things - Summary Guidance". <https://downloads.cloudsecurityalliance.org/assets/research/internet-of-things/identity-and-access-management-for-the-iot.pdf>. Último acesso em 22 de novembro de 2019.

[6] "Review on Security of Internet of Things Authentication Mechanism". <https://ieeexplore.ieee.org/iel7/6287639/8600701/08871112.pdf>. Último acesso em 24 de novembro de 2019.

[7] MQTT Version 3.1.1. Editado por Andrew Banks e Rahul Gupta. OASIS Standard, 29 de outubro de 2014. <http://docs.oasis-open.org/mqtt/mqtt/v3.1.1/os/mqtt-v3.1.1-os.html>. Última versão: <http://docs.oasis-open.org/mqtt/mqtt/v3.1.1/mqtt-v3.1.1.html>.

REFERÊNCIAS BIBLIOGRÁFICAS

[8] "RFC 6749 - The OAuth 2.0 Authorization Framework - IETF Tools." <https://tools.ietf.org/html/rfc6749> Último acesso em 30 de novembro de 2019.

(Capítulo 5)

[1] "A Systematic Literature Review of Authentication in Internet of Things for Heterogeneous Devices". <https://www.hindawi.com/journals/jcnc/2019/5747136/>. Último acesso em 22 de novembro de 2019.

[2] "On cloud security requirements, threats, vulnerabilities and countermeasures: A survey". <https://www.sciencedirect.com/science/article/pii/S1574013718302065>. Último acesso em 23 de novembro de 2019.

[3] "CSA Guide to the IoT Security Controls | Cloud Security Alliance." <https://cloudsecurityalliance.org/artifacts/guide-to-the-iot-security-controls-framework/>. Último acesso em 10 de novembro de 2019.

[4] "A Survey on IoT Security: Application Areas, Security Threats, and Solution Architectures - IEEE Xplore." <https://ieeexplore.ieee.org/document/8742551>. Último acesso em 9 de novembro de 2019.

[5] "CSA IoT Security Controls Framework | Cloud Security Alliance." 5 Mar. 2019, https://cloudsecurityalliance.org/artifacts/iot-security-controls-framework/. Acesso em 9 Nov. 2019.

[6] "Guide to the CSA Internet of Things (IoT) Security Controls Framework". <https://cloudsecurityalliance.org/download/artifacts/guide-to-the-iot-security-controls-framework/>. Último acesso em 9 de novembro de 2019.

[7] "ISO 25010 - ISO/IEC 25000". <https://iso25000.com/index.php/en/iso-25000-standards/iso-25010>. Último acesso em 9 de novembro de 2019.

[8] "OWASP IoT Top 10 2018". <https://www.owasp.org/images/1/1c/OWASP-IoT-Top-10-2018-final.pdf>. Último acesso em 9 de novembro de 2019.

[9] "Identity and Access Management for the Internet of Things - Summary Guidance". <https://downloads.cloudsecurityalliance.org/assets/research/internet-of-things/identity-and-access-management-for-the-iot.pdf>. Último acesso em 22 de novembro de 2019.

[10] "OWASP Internet of Things Project - OWASP". <https://www.owasp.org/index.php/OWASP_Internet_of_Things_Project>. Último acesso em 9 de novembro de 2019.

[11] "A Systematic Literature Review of Authentication in Internet of Things for Heterogeneous Devices". <https://www.researchgate.net/publication/334963074_A_

Systematic_Literature_Review_of_Authentication_in_Internet_of_Things_for_Heterogeneous_Devices>. Último acesso em 10 de novembro de 2019.

[12] "Review on Security of Internet of Things Authentication Mechanism". <https://ieeexplore.ieee.org/iel7/6287639/8600701/08871112.pdf>. Último acesso em 24 de novembro de 2019.

(Capítulo 6)

[1] BATALLA, Jordi M.; VASILAKOS, Athanasios; GAJEWSKI, Mariusz. "Secure Smart Homes: Opportunities and Challenges". *ACM Comput. Surv.* 50, 5, Artigo 75 (Setembro de 2017), 32 páginas. <https://doi.org/10.1145/3122816>.

[2] DAHMEN, Jessamyn; COOK, Diane; WANG, Xiaobo; HONGLEI, Wang. (2017). "Smart Secure Homes: A Survey of Smart Home Technologies that Sense, Assess, and Respond to Security Threats." *Journal of Reliable Intelligent Environments.* 3. 10.1007/s40860-017-0035-0.

[3] MALKIN, Nathan; DEATRICK, Joe; TONG, Allen; WIJESEKERA, Primal; egekman, Serge; WAGNER, David (2019). "Privacy Attitudes of Smart Speaker Users". *Proceedings on Privacy Enhancing Technologies*, 2019 (4), 250-271. <https://doi.org/10.2478/popets-2019-0068>.

[4] APTHORPE, Noah; SHVARTZSHNAIDER, Yan; MATHUR, Arunesh ; REISMAN, Dillon; FEAMSTER, Nick. 2018. "Discovering Smart Home Internet of Things Privacy Norms Using Contextual Integrity." *Proc. ACM Interact. Mob. Wearable Ubiquitous Technol.* 2, 2, Artigo 59 (Junho de 2018), 23 páginas. <https://doi.org/10.1145/3214262>.

[5] MAZUREK, Michelle L. et al., "Access Control for Home Data Sharing: Attitudes, Needs and Practices." *Proceedings of the SIGCHI Conference on Human Factors in Computing Systems.* Abril, 2010. Atlanta, Georgia, EUA. <https://doi>10.1145/1753326.1753421>.

[6] JAKOBI, Timo; STEVENS, Gunnar; CASTELLI, Nico; OGONOWSKI, Corina; SCHAUB, Florian; VINDICE, Nils; RANDALL, Dave; TOLMIE, Peter; WULF, Volker. 2018. "Evolving Needs in IoT Control and Accountability: A Logitudinal Study on Smart Home Intelligibility." *SIG Paper in word Format. ACM J. Proc. ACM Interact. Mob. Wearable Ubiquitous Technol.* 2, 4, Artigo 171 (Dezembro de 2018), 29 páginas. <https://doi.org/10.1145/3287049>.

[7] YAO ,Yaxing; BASDEO, Justin R.; MCDONOUGH, Oriana R.; WANG, Yang. 2019. "Privacy Perceptions and Designs of Bystanders in Smart Homes." *Proc. ACM*

Hum.-Comput. Interact. 3, CSCW, Artigo 59 (Novembro de 2019), 24 páginas. <https://doi.org/10.1145/3359161>.

[8] HEARTFIELD, Ryan; LOUKAS, George; BUDIMIR, Sanja; BEZEMSKIJ, Anatolij; FONTAINE, Johnny R. J.; FILIPPOUPOLITIS, Avgoustinos; ROESCH, Etienne B. (2018). "A Taxonomy of Cyber-Physical Threats and Impact in the Smart Home." *Computers & Security*. <https://doi.org78.10.1016/j.cose.2018.07.011>.

ÍNDICE

Símbolos

1. Camada de sensoriamento, 134
2. Camada de rede, 135
3. Camada de middleware, 135

3DES, 30, 59
DES , 30

A

AAA (Autenticação, Autorização e Auditoria)., 36, 93
ABAC
    Attribute Based Access Control, 92
Accountability, 94
Accounting, 94
ACL Access Control Lists, 77
Advanced Encryption System, 30
AES, 10, 30
    AES-128, 61
    AES-192, 61
    AES-256, 61
Alexa, 9, 145
Algoritmos, 65
    algoritmos assimétricos, 31
    algoritmos simétricos, 30
Amazon IoT, 97
API (Application Program Interface), 75
Arduíno, 8–17
Ataque de replay, 176–180
Ativo, 25
Auditoria, 38
Autenticação, 36, 45
Autenticidade, 84
Authorization Server, 106
Autorização, 22, 86

B

Backdoors, 40–48
Backup, 13–17
Big Data, 8–12
Biometria, 99–108
Black Friday, 83–87
BLE, 104
Blockchain, 19, 70
Blowfish, 64–65
Bluetooth, 8, 104
British Standard, 27
Broker, 101–105, 131
Buffer Overflow, 44
Bugs, 25–29
BYOD - Bring Your Own Device, 140–144
Bystanders, 171–175

C

CA (Certification Authority), 77–80
Camadas
    camada de aplicação, 135–144
    camada de percepção, 8–12
    camada de rede, 77–80
Carrier, 130–134
Casa conectada, 164–171
Certificação Digital, 69–76
Chave criptográfica, 29
CIA (Confidencialidade, Integridade e Disponibilidade), 21, 174–178
Cloud
    Cloud Impersonation, 150–154
    Cloud Security Alliance (CSA), 94–103
    Cloud Service Provider (CSP), 94–98
Cluster, 12–16
CoAPCoAP, 101–105
Cogeração, 164–168
Compliance, 138–147
Computação quântica, 57–61
Confidencialidade, 21, 45, 84
Controle de acesso distribuído, 89–98
Criptografia
    criptoanálise, 57–61

criptografia assimétrica, 56–65
criptografia fim-a-fim, 140–149
criptografia simétrica, 56–60
Curvas elípticas, 33–37

D

DAC
   Discretionary Access Control, 91–95
Dashboard, 102–111
Data, 26
   data analytics, 128–132
   data center, 26–35
   Data Encryption System 3, 30–34
   data liveness, 85–89
Datagram, 103–107
DDoS, 45, 141
Deadlocks, 115–119
Default, 139–148
Desregistrar, 105–114
DH, 33–37
Diffie-Hellman, 33–37
Disponibilidade, 13, 83
   Disponibilidade de serviço, 85–89
   disponibilidade, não repúdio, 23–32
Dispositivos IoT, 33–37
DoS, 83, 146

E

ECC, 33–37
e-commerce, 83–87
Eletronics Frontier Foundation, 59–68
Encriptação, 10–19
Escalabilidade, 12, 86
Ethernet, 8–17
Evil Twin, 153–157

F

Feedback loop, 119–123
Filtro de conteúdo WEB, 78–80
FIPS 140-2, 75–79
Firewalls, 39–48
Fonte renovável, 164–173
Forward secrecy, 85–94
Framework, 137–146
Frequência, 138–142

G

Gateways, 40–44
Geração distribuída, 164–168
Gerenciar, 105–114
Google, 145–154
GPS, 14–18
Granularidade, 92–96

H

Hacker, 25–29
Hadoop, 12–16
Hardware, 26–30
HASH, 35–39
HMAC, 35–39
HMAC -(Hash-based Message
   Authentication Code), 67–71
Home care, 165–169
HSM (Hardware Secure Module), 74–78
HTTP (Hypertext Transfer Protocol),
   106–110
HTTP/REST, 101, 104
HTTPS, 61–65
Hub, 102–111

I

IaaS (Infrastructure as a Service), 128–130
IBM Watson IoT, 97–101
IEC, 188
   IEC 62264, 15
   IEC 62680, 18
IFTTT, 145–149
IIC IIRA (Industrial Internet
   Consortium), 15–19
Implantes inteligentes, 4–8
Implementação, 138–142
Industria 4.0, 17–20
Integridade, 22, 83
Intel Galileo, 8
Inteligência Artificial, 3–7
Internet, 4
   Internet das Coisas, 1–5, 81–90
IoT
   IoT (IoT Working Group), 140–154
   IoT wearable, 126–135
IP (Internet Protocol), 6–15
IPSEC, 35–44

IPS (Sistema de Prevenção a Intrusões), 78–79
Irretratabilidade, 84–93
ISO, 27
    ISO 25010, 138–147
    ISO 30141, 15–20
ITU-T 2060, 15–20

J

Jamming, 159–162
Java, 12–20
Júlio César Cypher, 51–60

K

keyless car theft, 116–124

L

LESecure Connections, 104–113
lock-in, 129–138
Log
    Log de auditoria,
    logs de acesso, 27
Loud, 1–10

M

MAC, 36
    Mandatory Access Control, 91–100
Malware, 37–46
Man-in-the-middle, 66, 148
MARS, 60–69
MD5, 35–44
Mecanismos
    mecanismos de coleta, 165
    mecanismos de detecção, 165–169
    mecanismos de resiliência,
Microchips, 30–39
Microdispositivos, 5–14
Middleware, 135–139
MQTT (Message Queuing Telemetry Transport)MQTT (Message Queuing Telemetry Transport), 95–104
Multifator, 116–124

N

NAT (Network Address Translation), 6–15
Need to Know, 37–46
NGFW, 78–80
NIST (National Institute of Standards and Technology), 60–69
Nobreak, 26–35
Nós sensores sem fio, 94–103

O

OAUTH2, 104, 106
Object Management Group Data Distribution Standard (DDS), 104–113
Onboarding, 139–148
Operações binárias, 59–68
Oracle IoT, 97–106
OSI, 17–20
OTP, 37–46
OWASP, 139–148

P

PaaS (Platform as a Service), 128–137
Painel fotovoltaico, 164–173
PAN (Personal Area Network), 8–17
Paredes de firewall, 27–36
Par id-senha, 98–107
Patch, 141–150
Peer-to-peer, 10–19
PGP, 35–44
Phishing, 145–154
Plug and Play, 15–20
Provisionar, 105–114
Proxies, 39–48
Publish/Subscribe, 101–110

R

RAMI 4.0 (Reference Architectural Mode Industrie), 15, 17
RBAC
    Role Based Access Control, 91–100
RC2, 63–65
RC4, 63–72
RC6, 60
Regulador, 131–140
Replay attack, 85–94

Request, 150–159
Resiliência contra captura de dispositivos, 86–95
Resource
    Resource Owner, 106–115
    Resource Server, 106–115
Responsividade, 167–176
RFC 2104, 72–80
RFID (Radio Frequency IDentification), 99–108
Rijndael, 60–69
RIPEMD-160, 72–80
Roda Criptográfica de Thomas Jefferson, 52–61
Roubo de credenciais de acesso, 144–153
RSA, 33–42

S

SaaS (Software as a Service), 128–137
SASL (Simple Authentication and Security Layer), 104–113
Security
    Security Information and Event Management, 39–48
    Security MIME, 35–44
Segmentos
    segmento de dispositivos, 77–80
    segmento de servidores, 77–80
Segurança patrimonial, 165–174
Sensoriamento, 166–175
Serpent, 61–70
Servidores backup em arquitetura hot stand-by, 23–25
SHA 256, 35
SIEM, 39–48
Sistemas
    sistema de controle de acesso centralizado, 89–98
    sistemas cyber-físicos, 81–90
SLA (Service Level Agreement), 13, 131
Smartcard, 36–45
Smart speaker, 170–179
Software, 25–34
SPOF (Single Point Of Failure), 89–98
SQL Injection, 150–159
SSID, 175–182
SSL (Security Socket Layer), 61–70
STAFF, 90–99

Startup, 92–101
Streaming, 102, 166
Strings, 35–44
SYSLOG, 39–48

T

TAGs RFID, 42–48
TCP-IP, 78, 95, 101
Texto, 188
    Texto cifrado, 28–37
    Texto claro, 28–37
Timestamp, 85, 176
TLS (Tranport Layer Secure), 64, 95, 103
Todos-com-todos, 143–144
Token, 36, 99
Tolerância a falhas, 178–182
Topologia, 40–48
Tradeoff, 129–138
Tratado de Trithemius, 50–59
TwoFish, 61–70

U

Updates de firmware, 141–150
Username/password, 103–112

V

Vector, 9–18
Vendor lock-in, 129–138
VPNs (Virtual Private Network), 44–48
Vulnerabilidade, 25–26

W

Wearables, 143–152
WEP, 64–73
Whirlpool, 72–80
Workflow, 160–162
Working Group da CSA, 94–103

X

XMPP, 104–113
XOR, 62–71

Z

Zigbee, 104–113